INHALT

W0384160

„Wenn ich nach der Arbeit nach Hause komme, musst du mit dem Essen fertig sein, und es darf nicht kalt sein. Du hast auch die Pflicht, dafür zu sorgen, dass die Kinder Ruhe geben und mich nicht nerven“, forderte mein Vater.

„Djamal, komm, wir gehen in die Küche“, sagte meine Mutter und nahm mich auf den Arm. „Ich muss kochen.“
Sie versuchte, zu lächeln.
„Papa kommt bald nach Hause, und dann muss das Essen fertig sein.“
Ich war noch ganz klein, zwei oder drei Jahre alt, und doch erinnere ich mich noch daran, wie mich meine Mutter auf den Arm nahm und mit mir durch unser großes Haus lief, bis wir schließlich in der Küche angekommen waren. Wir lebten damals in einem großen Haus im Iran, denn wir waren sehr reich.
Im Iran leben verschiedene Volksstämme zusammen, Perser, Araber, Kurden und viele andere. Wir sind Perser, und darum redete

meine Mutter Farsi mit mir, so nennt man die persische Sprache.
Immer wenn die Zeit kam, in der mein Vater von der Arbeit nach Hause zurückkehrte, wurde meine Mutter unruhig und ängstlich. Auch an diesem Tag begann sie, hektisch mit den Töpfen zu klappern, und fing an, zu kochen. Ein besonders gutes Essen sollte es geben. So ein Essen wird im Iran oft mit Safran gewürzt. Safran ist das teuerste Gewürz der Welt. Es verleiht dem Essen eine wichtige orientalische Note.
Mein Vater aß sein Essen gerne mit Safran. Meine Mutter begann nun, zu kochen, und damit sie nebenbei auf mich aufpassen konnte, setzte sie mich neben sich auf die Arbeitsplatte. Ich platschte mit meinen Händen herum und griff alles Mögliche, um damit zu spielen. Prompt erwischte ich den teuren Safran und ließ ihn auf den Boden fallen. Man konnte ihn nicht mehr benutzen. Meine Mutter geriet nun total in Panik. Sie wusste, dass mein Vater bald von der Arbeit kommen und es dann Ärger geben würde. Also fing sie an, die Schweinerei wegzumachen. Aber der Safran färbte ab, und darum

wurde der Boden ein bisschen gelb. Hektisch räumte meine Mutter alles auf. Immer wieder sagte sie dabei: „Oh nein, wenn das dein Vater merkt, dann bin ich geliefert, und du auch. Dann muss ich mir wieder seine Predigten anhören, und du kriegst auch großen Ärger."

Dann flog die Haustür auf.
„Frau? Ist das Essen fertig? Ich hoffe, dass es etwas Vernünftiges gibt", rief mein Vater und trat auf den Flur.
„Ja, das Essen ist fertig", erwiderte meine Mutter mit gespielt freundlicher Stimme.
„Schnell, schnell, ich muss dich runterholen", flüsterte sie mir zu und hob mich von der Arbeitsplatte.
Nun kam mein Vater in die Küche.
„Warum ist der Tisch schon wieder nicht gedeckt?", meckerte er sofort los und sah sich vorwurfsvoll im Raum um.
Meine Mutter hatte mich immer noch auf dem Arm. Als sie meinen Vater hörte, zuckte sie zusammen.

„Schnell, Djamal, geh ins Wohnzimmer!“, flüsterte sie mir zu und ließ mich auf den Boden.
Nun trat mein Vater neben sie.
„Was ist das?“, fragte er mit lauter Stimme und zeigte auf den Fußboden.
„Was denn?“, tat meine Mutter unschuldig.
„Was ist das Gelbe auf dem Boden, verdammt noch mal!“, schrie mein Vater nun laut und verärgert.
„Ach, das ist nichts. Djamal hat nur ein bisschen …“ begann meine Mutter. Dann brach sie ab. Mit einem Satz war mein Vater am Küchenschrank, in dem wir den Safran aufbewahrten. Er merkte sofort, dass etwas von dem teuren Gewürz fehlte. Es war zwar nicht viel, aber es ging meinem Vater, wie immer, ums Prinzip. Alles musste so laufen, wie er es sich vorstellte.
Sofort wusste er, was passiert war.
„Wo ist der Safran? Wo ist er?“, rief er in einem höheren Ton. „Was habe ich dir gesagt? Was habe ich dir gesagt?“, schrie er jetzt auf meine Mutter ein.
Ich bekam Angst und versuchte, mich zu verstecken. Aber er war schneller. Er kam

auf mich zu und trat mich. Dann riss er mich hoch und redete auf mich ein.
„Was hast du da gemacht? Weißt du nicht, wie teuer das Gewürz ist? Weißt du das nicht? Weißt du nicht, was das bedeutet, wenn man jeden Tag losgehen muss, um Geld zu verdienen?"
Ich war klein, woher sollte ich wissen, was er meinte? Ich begann, zu weinen, und meine Mutter verteidigte mich.
„Lass meinen Sohn in Ruhe!", sagte sie böse. Nun ging es erst recht los – hin und her und hin und her fielen die Worte. Den ganzen Abend lang.
„Du bist ein Stück Dreck!", schrie mein Vater.
„Das lasse ich mir nicht sagen", rief meine Mutter.
„Du hast mir nicht zu widersprechen, Frau!", brüllte mein Vater.
So ging es hin und her.
Und dann ... Wie immer gab es Schläge für meine Mutter! Mein Vater schlug sie ins Gesicht, ohrfeigte sie links und rechts. Er trat sie und spuckte sie an.
Einmal packte er sie sogar und schleifte sie ins Badezimmer. Dort steckte er ihren Kopf

in die Toilette. Es war einfach schrecklich für mich, und ich hatte furchtbare Angst. Um mich – und natürlich auch um meine Mutter.

Solche Szenen wiederholten sich fast täglich bei uns. Meine Eltern verstanden sich nämlich überhaupt nicht. Sie mussten heiraten, ohne sich zu kennen. Im Iran ist es üblich, dass die Väter den Hochzeitspartner ihrer Kinder bestimmen.
Meine Großväter leiteten beide die Zollämter der großen Städte des Irans, sie waren also Kollegen. Aus ihrer Sicht passte es gut, die Kinder miteinander zu verheiraten.
Darum kannten sich meine Eltern im Grunde überhaupt nicht. Es ist bei uns verboten, sich vor der Ehe kennenzulernen. Frauen und Männer dürfen nur zusammen sein, wenn sie verheiratet sind.
Wenn man im Iran verheiratet wird, ist es üblich, dass der Mann mit seinen Eltern zu Besuch zu der anderen Familie kommt und fragt, ob er die Tochter des Hauses heiraten darf. Das ist aber nur ein Brauch, denn eigent-

lich ist alles schon vorher beschlossen worden. Wahrscheinlich kommt dir das seltsam vor, aber so ist das im Iran. Unsere Kultur ist eine andere, und so läuft das nun mal mit den Hochzeiten. Wer gegen die Regeln verstößt, den erwartet eine Strafe. Meist entscheidet das Gericht, dass dann eine bestimmte Anzahl von Peitschenhieben verhängt wird.

„Dein Vater stand irgendwann vor unserer Tür und hielt um meine Hand an", erzählte mir meine Mutter. „Ich hatte gar keine Wahl, sondern musste zustimmen. Unsere Väter hatten unsere Heirat entschieden."

So heirateten meine Eltern also. Da beide aus reichen Familien kamen, waren auch meine Eltern reich und lebten in guten Verhältnissen. Geldprobleme hatten wir nie. Mein Vater arbeitete zu der Zeit in einer Bank, und meine Mutter führte den Haushalt. 1992 wurde ich dann geboren, zwei Jahre später mein kleiner Bruder Saber.

Die Ehe meiner Eltern verlief am Anfang ganz gut. Nach und nach wurde aber die Machtverteilung klar. Männer haben im Iran das Sagen, und in diesem Land interessiert es niemanden, wenn eine Frau mal geschlagen wird. Das ist eigentlich sogar üblich. So bestimmte mein Vater, was getan wurde. Er hatte klare Erwartungen an seine Frau und war sehr fordernd und streng. Jetzt erst merkte meine Mutter, wen sie da hatte heiraten müssen.

„Wenn ich nach der Arbeit nach Hause komme, musst du mit dem Essen fertig sein, und es darf nicht kalt sein. Du hast auch die Pflicht, dafür zu sorgen, dass das Kind Ruhe gibt und mich nicht nervt", forderte mein Vater.

Und meine Mutter hatte keine andere Wahl, als zu antworten: „Ich weiß das, und ich kümmere mich darum."

Meine Mutter versuchte, meinem Vater alles recht zu machen. Immer gab sie nach und schluckte jede Kritik hinunter, auch wenn sie ungerecht war. Aber das genügte meinem Vater nicht. Er wurde strenger und strenger. „Warum stehst du hier so rum?", schrie er zum Beispiel. „Hast du nichts zu tun, du unnütze Frau?" An diese Worte erinnere ich

mich noch zu gut. Er sagte sie immer und immer wieder. Sie wurden Routine für ihn. Wenn meine Mutter sauber machte oder kochte, meckerte mein Vater:
„Hast du nicht gelernt, wie man kocht und sauber macht? Das ist deine Aufgabe. Das musst du können. Wofür habe ich dich denn?"
Manchmal wehrte sich meine Mutter auch, indem sie dann erwiderte: „Mach das doch selbst. Du hast doch sowieso nichts anderes zu tun, als rumzumeckern."
Wenn sie so etwas sagte, artete das immer in Streit aus, bei dem meine Mutter den Kürzeren zog. Denn wenn sie laut protestierte, wurde mein Vater gewalttätig und schlug sie.
Auch auf mich muss mein Vater damals immer wieder eingeredet haben, obwohl ich ja erst zwei oder drei Jahre alt war. „Nichtsnutziger Junge", sagte er immer. „Du bist nichts wert. Du bist nur ein Stück Dreck, sonst nichts."
So redete er auf mich ein. Stundenlang. Immer wieder.
Ich verstand zu dem Zeitpunkt sicherlich nicht genau, was er meinte, aber ich fühlte mich schuldig und wertlos. Ich verstand

einfach nicht, was er gegen mich hatte und warum er mich so behandelte. Und ich verstehe es bis heute nicht.
Mein Vater konnte so lange auf mich einreden und mich beleidigen, bis ich mich wirklich wie das letzte Stück Dreck fühlte. Er gab mir oft die Schuld an dem Streit mit meiner Mutter, aber was hatte ich damit zu tun?
Nach diesem Streit um den Safran lief meine Mutter mit mir zu den Eltern meines Vaters, um sich verzweifelt zu beschweren. Die beruhigten sie und fädelten es so ein, dass meine Mutter wieder zu meinem Vater zurückging. Im Iran muss eine Ehefrau bei ihrem Mann bleiben, ob sie will oder nicht. Wenn man sich scheiden lässt oder seinen Mann verlässt, ist die Ehre der Familie beschmutzt. Geschiedene Frauen sind im Iran nicht gut angesehen. Wenn man aus einer Ehe ausbricht, beschädigt man den Ruf der Familie. Das ist natürlich für alle sehr schlimm. Außerdem bekommt der Vater grundsätzlich das Sorgerecht für die Kinder.
So kehrte meine Mutter jedes Mal zu meinem Vater zurück, und das Ehedrama ging von Neuem los.

Ich war mit einem Kaiserschnitt zur Welt gekommen, und schon das nahm mein Vater meiner Mutter übel. Dabei ist das ja nun wirklich lächerlich. Es ist doch nichts Schlimmes, sein Kind durch einen Kaiserschnitt zu bekommen; manchmal ist das sogar medizinisch notwendig.
„Du kannst noch nicht einmal normal Kinder kriegen“, sagte er zum Beispiel. „Du bist keine gute Mutter. Eine Rabenmutter bist du!“ Das machte meine Mutter richtig fertig.
Auch sagte er oft: „Du hast mich doch nur wegen des Geldes geheiratet.“
Meine Mutter entgegnete dann: „Ich habe dein Geld nicht nötig. Meine Familie hat auch viel Geld.“
Aber das ließ mein Vater natürlich nicht gelten. Er fühlte sich immer wie der Schlauste von allen, meine Mutter dagegen war ein Nichts. Dabei redete er so lange auf sie ein, bis sie keinen Widerspruch mehr wagte.
Sechs Jahre lang lebten meine Eltern im Iran mal mehr, mal weniger zusammen. Mal lief meine Mutter weg, dann musste sie wieder

zurückkehren, dann lief sie wieder weg. Es war ein ewiges Hin und Her. Ich selbst kam mir dabei vor, als säße ich zwischen den Stühlen.

Eigentlich konnten sich meine Eltern glücklich schätzen. Wir waren reich, hatten viel Schmuck, besaßen ein großes Haus, und an Essen hatte es uns nie gefehlt. Wir hatten auch immer teure Kleidung an, weil mein Vater darauf bestand, dass wir gut angezogen waren.
Trotz allem war mein Vater ein geiziger Mann. Wie schon mein Großvater sparte er jeden Pfennig. So fuhren wir nie in den Urlaub und waren auch nur selten weg.
Ich kann mich nur an einen einzigen Tag erinnern, an dem wir mal in einem schönen Park waren.
Weil es bei uns zu Hause immer Streit gab, wurden mein Bruder und ich oft zu Verwandten geschickt. Dort war es schön. Unsere Verwandten liebten uns wie ihre eigenen Kinder. Das ist toll im Iran, dort

hält die Großfamilie zusammen. Allerdings natürlich nur dann, wenn man sich an die Regeln hält. Wenn man gegen die „Familienehre“ verstößt, hat man schlechte Karten … Irgendwann hatte meine Mutter die Schnauze voll vom ganzen Streit und der „Unterdrückung“, wie sie immer sagte. Darum beschloss sie eines Tages, aus dem Iran zu verschwinden. Mein Onkel war schon einige Jahre vorher nach Deutschland gezogen. Er hatte im Iran in der Marine gedient, in Deutschland machte er nun sein Diplom und wollte sich hier eine Zukunft aufbauen. Warum er ausgerechnet nach Deutschland ging, weiß ich nicht. Vielleicht waren dort seine Zukunftschancen besonders groß.
So beschloss auch meine Mutter, aus dem Iran wegzugehen und zu ihrem Bruder nach Deutschland zu flüchten. Sie wollte von meinem Vater weg und konnte auch die strenge iranische Gesellschaft nicht mehr ertragen. Meinem Vater erzählte meine Mutter, sie wolle in Deutschland studieren und danach zu ihm zurückkehren. Das glaubte mein Vater ihr auch. Aber sie kam nicht wieder.

Dafür schrieb sie uns lange Briefe. Darin bat sie meinen Vater, mit uns nach Deutschland zu kommen. Auch an uns schrieb sie. „Ich vermisse euch so“, stand zum Beispiel in den Briefen. „Kinder gehören zu ihrer Mutter.“ Aber ihre Worte waren nur Tricks. Sie wollte meinen Vater nach Deutschland locken, weil sie sich dort von ihm scheiden lassen wollte. In Deutschland hätte sie wahrscheinlich das Sorgerecht für uns Kinder bekommen. Im Iran stand ihr das nicht zu.

Meine Mutter lebte nun ein Jahr lang allein als Asylantin in Deutschland. Zurück konnte sie nicht mehr, da sie sonst wohlmöglich gefoltert worden wäre. Sie erzählte mir später, wie schwer es im deutschen Asyl war. „Es war einfach die Hölle“, sagte sie. „Ich war immer nur allein und hatte kein Geld. Trotzdem war es die richtige Entscheidung. Es ging mir dort besser als im Iran mit deinem Vater.“ Sie sagte immer: „Lieber schlecht leben und dafür frei sein, anstatt gut zu leben und gefangen zu sein.“

In dieser Zeit zogen mein Bruder und ich mit unserem Vater im Iran zu meinen Großeltern. Sie kümmerten sich um uns, weil mein Vater arbeiten musste. Besonders meine Oma war wie eine Mutter zu uns. Sie ist mir bis heute noch sehr sehr wichtig.
Ich denke, dass ich bei meinen Großeltern größtenteils glücklich war. Ich habe mir in dieser Zeit gar nicht so viele Gedanken über mein Leben gemacht, und im Nachhinein bin ich auch froh darüber. Sicherlich habe ich in meinem Unterbewusstsein gespürt, dass mir meine Mutter fehlte, aber ich war zu klein, um es wirklich zu realisieren.

Schließlich beschloss unser Vater 1998, mit uns nach Deutschland zu ziehen. Warum er das machte, weiß ich nicht so genau. Vielleicht waren ihm die Regeln im Iran auch zu streng, vielleicht hatte ihn aber auch meine Mutter nach Deutschland gelockt, damit sie uns wiedersehen konnte.
Nach Deutschland zu kommen, war nicht so einfach. Mein Vater verkaufte alles Gold, was

er hatte, und flog mit Saber und mir über die Türkei nach Deutschland. Davon wusste ich natürlich zu diesem Zeitpunkt nichts. Ich habe es erst später von meiner Mutter erfahren.
Für meinen Vater war das bestimmt eine schwere Entscheidung. Um in Deutschland als Asylant anerkannt zu werden, musste er vorgeben, in seinem Heimatland verfolgt zu werden. Das bedeutete aber auch, dass er nicht mehr zurückkonnte. Er wäre im Iran fertiggemacht worden. So war es für meinen Vater ein Abschied für immer.
An den Abschied aus dem Iran kann ich mich nicht erinnern, nur einzelne Bilder kommen in mir hoch, wenn ich an die Fahrt nach Deutschland denke. Wir fuhren unendlich lange mit dem Bus, so lange, dass mein kleiner Bruder die Sitze vollpinkelte, weil er so dringend musste. Dann stiegen wir in ein Flugzeug und flogen nach Deutschland. Mehr weiß ich nicht.

2

„Er benutzt euch nur, um mich fertigzumachen. Ich kenne diesen Psychopathen“, sagte meine Mutter.

In Deutschland angekommen, zogen wir zu unserer Mutter ins Asyl in Dortmund. Damals war ich fünf, mein Bruder drei Jahre alt.
Vielleicht hatten sich meine Eltern eingebildet, dass alles wieder gut würde, wenn sie nun zusammenlebten, aber das Gegenteil war der Fall: In Deutschland wurde die Beziehung zwischen meinen Eltern noch viel viel schlimmer.
„Du denkst nur an dich und deine Bedürfnisse, statt an deine Familie zu denken“, sagte mein Vater zum Beispiel zu meiner Mutter.
„Du musst dich unbedingt ändern“, konterte meine Mutter.
Sie stritten und stritten. Jeder gab dem anderen die Schuld, und mein Bruder und ich waren mittendrin.

Die größte Veränderung für uns in Deutschland war, dass wir im Iran immer viel Geld hatten und zu den Reichen gehörten. Hier in Deutschland waren wir nun Asylanten. Dieses Asylantendasein bedeutete aber auch eine ganz andere Lebensweise, als wir vorher hatten. Das konnte ich alles überhaupt nicht begreifen. Wir waren jetzt arm.
Ich lebte plötzlich irgendwo an einem Ort mit vielen Wohnblöcken. Unsere Wohnung war klein, nicht größer als 30 Quadratmeter. Wir wohnten in der zweiten Etage. Wenn man die Treppe hinunterging, führte die Eingangstür direkt auf die Straße. Überall standen weitere Häuserblocks. Viele Kinder streunten auf der Straße herum, aber wir durften nicht mit ihnen spielen. Meine Eltern fanden, dass sie ein schlechter Umgang für uns wären.
So spielte ich immer nur mit meinem Bruder.
Dann kam ich in die Vorschule. Hier redete ich überhaupt kein Wort. Ich konnte die deutsche Sprache nicht und wagte nicht, etwas zu sagen. Ich fühlte mich so anders als die anderen. Ich hatte komische Eltern,

ich sprach eine komische Sprache. Das passte alles nicht zu der Welt der anderen Kinder. So lernte ich in dieser Zeit auch kein Deutsch. Damals interessierte ich mich für Lego. Ich baute hohe Türme und wollte gerne Ingenieur werden. Schon damals war ich immer für mich allein. Ich war ein richtiger Einzelgänger. Auf Außenstehende wirkte ich bestimmt sehr ausgeglichen und ruhig. Das lag aber vor allem daran, dass ich meine Gefühle nicht zeigte. Ich war sehr unglücklich. Ich weiß nicht mehr, was alles in meinem Kopf herumgeisterte, aber ich weiß, dass ich von Jahr zu Jahr immer trauriger wurde. Ich vermisste den Iran. Dabei fehlte mir eigentlich nicht das reiche Leben dort, diese Veränderung fiel mir gar nicht so auf, aber ich vermisste meine Großeltern und fragte oft nach ihnen. Außerdem hatte ich einfach das Gefühl, dass vieles falsch lief. Ich fühlte mich so allein und irgendwie fehl am Platz. Meine Eltern kümmerten sich immer nur um ihre eigenen Probleme und stritten oft. Zeit für meinen Bruder und mich hatten sie nicht.

Kurz darauf zogen wir endlich in eine eigene Wohnung. Meine Eltern hatten jetzt ein bisschen mehr Geld. Woher dieses Geld kam, weiß ich nicht ganz genau. Aber ich glaube, mein Vater bekam Arbeitslosengeld, und er arbeitete auch oft nebenbei schwarz. Meine Mutter meldete sich für alle möglichen Weiterbildungen, und die wurden bezahlt. Außerdem bekamen meine Eltern natürlich auch noch Kindergeld.
Doch auch das Geld und die neue Wohnung rettete die Ehe meiner Eltern nicht. Sie war jetzt restlos am Ende. Meine Eltern stritten nur noch miteinander. Schließlich sahen sie ein, dass es keinen Zweck mehr hatte, zusammenzubleiben, und beschlossen, sich scheiden zu lassen.
Eigentlich hätte man nun glauben können, dass die Probleme gelöst waren. Aber so war es leider nicht. Meine Eltern stritten einfach weiter. Ihr Lieblingsthema zum Streiten war das Sorgerecht für uns, das sowohl meine Mutter als auch mein Vater haben wollte. Mein Vater konnte sich immer gut darstellen.

Er konnte reden und reden und schaffte es dadurch, das Gericht zu überzeugen, dass er der bessere Erzieher sei und meine Mutter nicht das alleinige Sorgerecht verdiene.
So bekamen meine Eltern das gemeinsame Sorgerecht zugesprochen. Leider aber erhielt mein Vater das Aufenthaltsbestimmungsrecht für uns. Er konnte also anordnen, wo wir leben sollten.
Durch das gemeinsame Sorgerecht wurden mein Bruder und ich hin- und hergeschubst. Und jeder unserer Eltern versuchte, uns zu beeinflussen.
Wenn wir bei meinem Vater waren, sagte er oft: „Eure Mutter ist nicht in der Lage, euch zu erziehen. Man sieht es doch an euren Schulleistungen. Mal seid ihr gut, mal seid ihr schlecht. Außerdem zeigt ihr immer wieder ein unwürdiges Verhalten und zerstört damit die Ehre unserer Familie.“
Immer wenn wir von so einem Besuch zu unserer Mutter zurückkamen, sagte sie: „Und? Hat er euch wieder mit seiner Gehirnwäsche manipuliert, damit ihr mir mein Leben zur Hölle macht?“ Und sie fügte hinzu: „Er benutzt euch nur, um mich fertig-

zumachen. Ich kenne diesen Psychopathen."
„Psychopath", das Wort benutzte sie sehr oft für unseren Vater.
Mein Bruder und ich standen dazwischen und wussten nicht, wem und was wir glauben sollten. Wir fühlten uns immer hin- und hergerissen.

Schließlich wurde meiner Mutter alles zu viel. Sie verließ uns einfach und ging für ein Jahr fort. Noch heute weiß ich nicht, wo sie damals gewesen ist.
Wir waren nun mit meinem Vater allein.
Diese Zeit war sehr, sehr schwer für uns. Ich vermisste meine Mutter und konnte nicht verstehen, warum sie uns einfach so, ohne Erklärung, verlassen hatte. Es kam mir vor, als würde sie uns nicht haben wollen. Regelrecht abgeschoben fühlte ich mich.
Mein Vater ließ nun all die Wut, die er auf unsere Mutter hatte, an uns aus.
Ich weiß noch, dass mein Bruder sein Gemüse nie essen wollte. Er mochte es einfach nicht, und ihm wurde davon immer schlecht.

Mein Vater bestand darauf, dass er es trotzdem aß. Er wollte, dass wir uns gesund ernährten, und kochte darum diesen Gemüseeintopf immer wieder. Mein Bruder aber ekelte sich davor.
„Dummer Junge!“, sagte mein Vater und beleidigte meinen Bruder so lange, bis er schließlich anfing, zu weinen. Als er das Gemüse immer noch nicht aß, stellte sich mein Vater hinter ihn und schlug ihm immer wieder mit dem Löffel gegen den Hinterkopf.
„Iss … iss … iss“, sagte mein Vater immer wieder und wurde dann immer lauter.
„Iss … iss … iss.“
Bei jedem Wort schlug er mit dem Löffel auf den Kopf meines Bruders. Dann versuchte er, ihm den Löffel in den Mund zu schieben.
„Iss … iss endlich, du verdammter Bengel.“
So ging es immer weiter.
Ich wusste schon, wie das wieder ausging. Mein Bruder gab schließlich auf und würgte das Gemüse herunter. Dann musste er sich übergeben und bekam danach erst so richtig Stress.
Diese Zeit war für meinen Bruder und mich richtig krass. Wir fingen an, unseren Vater zu

hassen, und wir vermissten unsere Mutter sehr. Mein Vater behandelte uns schlecht, und wir sehnten unsere Mutter herbei.
„Wo ist Mama?“, schrie und weinte mein Bruder ganz oft.
Mein Vater blieb eiskalt. „Eure Mutter will euch nicht mehr. Sie hasst euch und ist wegen euch abgehauen“, sagte er dann, obwohl das überhaupt nicht stimmte.
Das war einfach gemein. Aber so versuchte mein Vater, uns auf seine Seite zu ziehen.

Schließlich kam ich in die Grundschule.
Ich war in einer Klasse, in der fast nur ausländische Schüler waren. In dieser Zeit sprach ich nur ganz wenig Deutsch. Wenn ich ehrlich bin, konnte ich eigentlich nur „ja“ und „nein“ sagen.
Aber ein Mädchen aus meiner Klasse war immer bei mir. Ich erinnere mich noch gut an sie. Sie hatte rote Haare. Jeden Tag holte sie mich von zu Hause ab und ging mit mir zusammen zur Schule. Dabei redete sie viel mit mir. Ich aber verstand nichts und sagte

immer nur „ja“ oder „nein“. Aber das störte sie nicht, sie redete einfach fröhlich weiter. Irgendwie hatte ich endlich meinen Durchbruch mit der Sprache und fing an, zu reden. Danach lernte ich die Sprache schnell und gehörte bald zu den Besten in Deutsch. Allerdings hatte ich schon damals Probleme, mich in die Klasse zu integrieren. Ich hatte immer noch keine Freunde gefunden, war immer allein und fühlte mich so anders als die anderen. Das lag bestimmt daran, dass ich immer die Streitigkeiten meiner Eltern im Hinterkopf hatte und darum so eine große Traurigkeit und Unruhe in mir war.

Dann tauchte eines Tages plötzlich meine Mutter wieder auf und zog auch wieder bei uns ein. Warum das so war und was in der Zwischenzeit passiert war, weiß ich nicht. Sie war ganz plötzlich einfach wieder da und kümmerte sich um uns, als wenn sie niemals etwas anderes getan hätte. Saber und ich waren natürlich überglücklich. Wir fragten sie nicht, wo sie gewesen war. Wir waren uns

einfach sicher, nun würde alles wieder gut werden.
Doch das war natürlich kindisch. Denn kaum war meine Mutter zurück, gingen auch die altvertrauten Streitigkeiten wieder los. Natürlich begann mein Vater sofort wieder, sie fertigzumachen und sie zu schlagen. Und meine Mutter war auch nicht besser. Sie provozierte meinen Vater und beleidigte ihn. Wenn meine Mutter diese Wutanfälle hatte, waren wir Kinder auch vor ihrem Hass nicht sicher. Sie lief dann kreuz und quer durch die Wohnung und meckerte und meckerte. Niemand konnte ihr jetzt etwas recht machen. Mein Bruder weinte schnell und lief hinter meiner Mutter her, um sie zu umarmen. Er hatte einfach Angst, dass sie ihn wieder im Stich lassen würde. Ich aber wusste, dass sie einfach nur versuchte, uns für ihre schlechte Laune verantwortlich zu machen.
„Arrgh …", brummte sie dann. „Ihr seid Kinder von diesem Schweinehund. Geht doch zu ihm. Alles Unglück passiert nur wegen euch und eurem Vater. Wenn ihr nicht da wäret, ginge es mir besser."

Für uns war es unendlich schlimm, so etwas von unserer Mutter hören zu müssen. Wir fühlten uns ungeliebt und ungewollt. Immer wieder sagte sie, dass wir an allem schuld seien.
Meine Mutter konnte sich dann richtig in ihren Hass hineinsteigern. Ihr Meckern wurde immer schlimmer. Da ich nicht wie mein Bruder hinter ihr herlief, um sie zu umarmen, richtete sich ihr Hass immer mehr gegen mich.
Ich hatte sowieso nie besonders viel Liebe von meinen Eltern bekommen, weder von meiner Mutter noch von meinem Vater.
Ich kann mich allerhöchstens an drei Situationen erinnern, in denen mich meine Mutter von sich aus in den Arm genommen hat.
Dass sie mich nun anfing, zu hassen, machte mich sehr, sehr unglücklich.

Dann passierte eine sehr schreckliche Sache, die mich meine ganze Kindheit lang verfolgte. Damals war ich sieben oder acht Jahre alt.

In jener Nacht lag ich in meinem Bett und schlief. Plötzlich wurde ich wach.
Mein Vater und meine Mutter saßen auf meinem Bett. Dass meine Mutter hier war, war nicht ungewöhnlich. Sie schlief oft in meinem Bett, um ein bisschen Ruhe vor meinem Vater zu haben. Aber diesmal war mein Vater auch da. Und diesmal versuchte er, meine Mutter zu erwürgen.
Ich hob den Kopf und sah, wie mein Vater meiner Mutter mit beiden Händen Mund und Nase zuhielt. Dabei sagte er: „Willst du, dass ich dich umbringe? Dann hast du keine Probleme mehr."
Ich richtete mich auf. Nun bemerkte mein Vater, dass ich wach geworden war.
„Alles in Ordnung", sagte mein Vater.
„Leg dich wieder hin."
Das tat ich auch. Aber mein Herz klopfte wie wild. Ich wusste, dass etwas Schlimmes passiert war, aber was es genau war, konnte ich nicht einordnen.
Erst später habe ich die ganze Geschichte von meiner Mutter erfahren.
„Dein Vater wollte mich in der Nacht umbringen. Er ist psychisch krank", sagte sie mir.

Immer und immer denke ich, wenn ich nicht zufällig aufgewacht wäre, würde meine Mutter vielleicht nicht mehr leben.
Ich weiß gar nicht, wie ich das verarbeitet habe. Ich versuchte irgendwie, diese Situation zu vergessen, aber das kann man natürlich nicht.
Heute denke ich hin und wieder anders darüber. Vielleicht war es gut, dass diese Situation passiert ist, denn danach sahen meine Eltern klar, wie tief sie eigentlich in ihrer Beziehung gesunken waren, und sie beschlossen, sich endgültig zu trennen.
Im Grunde waren sie beide psychisch krank. Sie hassten sich beide so abgrundtief und konnten doch irgendwie auch nicht ohne einander leben. Es ging ihnen aber auch um Geld, denn wer die Kinder hatte, bekam auch das Kindergeld, und das nahmen sie gerne mit.

Schließlich zog mein Vater aus, konnte uns aber trotzdem nicht in Ruhe lassen. Immer wieder kam er vorbei, angeblich, um uns

zu besuchen. Das aber ließ meine Mutter nicht zu.
Ich erinnere mich noch an einen schlimmen Streit, den die beiden vor unserer Tür hatten. Mein Vater tauchte plötzlich auf, und er war sehr freundlich.
„Hallo, ich will die Kinder abholen", sagte er.
„Das geht nicht. Tut mir leid", entgegnete meine Mutter provozierend.
„Nein? Was soll das heißen?", knurrte er.
„Das sind meine Kinder", sagte meine Mutter. Und dann schlug sie ihm die Tür vor der Nase zu.
Natürlich hätte mein Vater ein Recht darauf gehabt, uns zu sehen. Aber meine Mutter war so voller Hass, dass sie das einfach alles nicht interessierte.
Daraufhin machte mein Vater Randale.
Er klingelte die ganze Zeit, haute gegen die Tür und schrie, so laut er konnte: „Du elende Frau! Mach die Tür auf! Hier in Deutschland kannst du das durchziehen, aber im Iran hätte ich dich in der Hand."
In der Zwischenzeit rief meine Mutter die Polizei. Die kamen dann auch. Aber mein Vater verstand es, sie zu beruhigen.

Dabei waren die Dinge durch klare Besuchsregeln eigentlich geklärt worden, aber meine Eltern hielten sich beide nicht daran. Mal gab meine Mutter uns einfach nicht heraus, mal forderte mein Vater einen Besuch ein, der ihm nicht zustand.
Saber und ich standen dazwischen und wussten nicht, zu wem wir halten sollten. Sowohl mein Vater als auch meine Mutter erzählten uns böse Geschichten von dem anderen. Sie versuchten auch, uns zum Lügen aufzufordern, damit der eine oder andere von ihnen in Schwierigkeiten geriet. „Geh mal zu deinem Lehrer, und sag, dass deine Mutter dich schlägt", forderte mein Vater mich auf.
Und meine Mutter sagte: „Geh zum Jugendamt, und sag ihnen, dass du Angst vor deinem Vater hast und dass er gemein und brutal zu dir ist."
Aber ich machte das nicht. Zum einen traute ich mich nicht, zum anderen wusste ich, dass zum Schluss nur einer die Schuld für alles bekam: nämlich ich selbst!
Danach beantragte meine Mutter Hausverbot für meinen Vater. Er durfte sich ab jetzt nicht

mehr in der Nähe meiner Mutter aufhalten und sie damit nicht mehr belästigen. Zur Ruhe kamen wir trotzdem nicht.

3

„Wir Iraner sind etwas Besseres", sagte mein Vater. „Ihr dürft nicht wie dumme Schafe das tun, was die anderen machen."

Das Leben ging weiter.
Irgendwann, ich glaube, ich war in der 3. oder 4. Klasse, hatte ich das Gefühl, überhaupt nicht mehr von meiner Mutter beachtet zu werden. Mein Bruder stand nun im Mittelpunkt, und ich kam mir einfach wie ein Geist vor. Ich war zwar da, aber das war auch alles. Niemand beachtete mich.
Dabei war ich intelligent, das jedenfalls sagte meine Lehrerin meiner Mutter immer wieder, aber trotzdem hatte sie kein Interesse an mir.
Ich weiß noch genau, dass meine Mutter immer bei den Hausaufgaben hinter mir stand. Ich saß am Schreibtisch und versuchte, mich zu konzentrieren. Aber immer wenn ich einen Fehler machte, schrie sie auf Farsi: „Mach das nicht noch mal, du unnützer Junge."

Zuerst wollte ich nicht wahrhaben, dass meine Mutter mich hasste. Ich versuchte alles, um ihre Aufmerksamkeit zu gewinnen, aber das endete immer im Streit.
Ich weiß nicht genau, warum mich meine Mutter so sehr hasste. Ich glaube, ich erinnerte sie irgendwie an meinen Vater.

An eine Szene erinnere ich mich noch gut. Ich besaß eine Mundharmonika, auf der ich oft und gerne spielte. An einem Tag waren meine Mutter und ich allein zu Hause, weil mein Bruder noch im Hort war.
Meine Mutter arbeitete in der Küche. Ich aber wünschte mir ein bisschen Zuneigung von ihr. Darum ging ich zu ihr in die Küche.
„Mama, hasst du mich?", fragte ich.
Meine Mutter reagierte nicht.
„Mama, soll ich dir helfen?", schlug ich nun vor. Wieder kam keine Antwort. Darum stupste ich sie an.
Da schrie sie: „Verpiss dich!"
„Blöde Kuh!", erwiderte ich. Das sagte ich übrigens oft, wenn ich sauer auf sie war.

Jetzt lief sie in mein Zimmer, nahm meine Mundharmonika, die ich so sehr mochte, und warf sie auf den Schrank. Nun kam ich nicht mehr dran.
Wütend schrie ich: „Warum machst du das?"
Sie ignorierte mich wieder. Ich folgte ihr in die Küche.
„Mama … Mama!", rief ich, doch sie reagierte immer noch nicht.
Nun brüllte ich wieder: „Du dumme Kuh!"
Da drehte sie sich zu mir um und schaute mich mit einem hasserfüllten Blick an. Ich kannte diesen Blick und wusste genau, dass sie mich jetzt schlagen würde. Und so war es auch. Sie jagte mich quer durch die Wohnung und versuchte immer wieder, mich zu erwischen. Das machte mich total wütend. Total außer mir schnappte ich mir nun verschiedene Gegenstände und machte sie kaputt.
Dabei schrie ich laut: „Ich hasse dich. Du bist nicht meine Mutter. Du bist ein Monster."
Das sagte ich oft zu ihr, wenn ich verzweifelt war. Wenn ich heute daran denke, macht mich das sehr traurig. Ich wollte so etwas gar nicht tun. Ich wollte doch einfach nur, dass sie mich liebt und für mich da ist.

„Ich rufe deinen Scheißvater an, und der holt dich ab, du Arschloch", rief meine Mutter jetzt. Und dann ging sie tatsächlich ans Telefon, rief meinen Vater an und beschwerte sich. „Hol deinen Mistsohn ab. Ich will ihn nicht mehr haben. Er macht, was er will", rief sie. Da machte sich mein Vater wirklich auf den Weg und holte mich ab. Ich fühlte mich total abgeschoben. Bei meinem Vater blieb ich einige Zeit. Dann brachte er mich zu meiner Mutter zurück.

Doch die Streitereien mit meiner Mutter wurden immer schlimmer.
Wenn mein Vater dann mal nicht kam, um mich abzuholen, warf mich meine Mutter entweder einfach raus, oder ich floh selbst aus der Wohnung. Anschließend lief ich mal dahin, mal dorthin, war ziellos. Erst spät kehrte ich in die Wohnung zurück.
Einmal kam ich abends nicht nach Hause. Ich versteckte mich in einer Telefonzelle, die in der Nähe unseres Hauses war. Dann aber sah ich meinen Bruder. Er war losgezogen,

um mich zu suchen. Als er mich fand, nahm er mich wieder mit.
„Mama hat sich bestimmt Sorgen um mich gemacht und freut sich jetzt, dass ich wieder da bin", dachte ich mir.
Aber ich hatte mich getäuscht. Meine Mutter hatte mich überhaupt nicht vermisst. Sie sah mich noch nicht einmal an, als ich wieder da war. Das war eine große Enttäuschung. Damals weinte ich viel, und begreifen konnte ich das irgendwie nicht. Schließlich war ich damals auch erst zehn Jahre alt. Eigentlich verstehe ich aber auch heute noch nicht, warum meine Mutter so zu mir war.
Ich bin doch ihr Sohn.

Ich hatte damals nur drei Freunde, einer davon hieß Emre. Er war Türke. Emre holte mich oft von zu Hause ab, und dann gingen wir zusammen raus.
Damals lag mein Zimmer im Erdgeschoss, und das Fenster ging zur Hauptstraße hinaus. Immer wenn ich die Nase voll hatte, haute ich ab.

Emre und ich machten vieles zusammen – natürlich auch viel Scheiß!
Wir kletterten auf die Dächer anderer Häuser, oder wir gingen in unser Versteck, das unter einer Brücke lag. Dort gab es ein kleines Loch im Gebüsch. Dahinter lag ein langer Weg, der zu einer Lichtung mit Bäumen führte. Oft kauften wir uns Wasserballons und machten mit anderen Jugendlichen Wasserschlachten. Manchmal hatten wir auch Stinkbomben und warfen sie in die Bahn. Das war das Einzige, was mich aufheiterte und glücklich machte. Im Sommer chillten wir zusammen und aßen Eis.
Immer aber hatte ich auch Streit mit anderen Kindern. Besonders mit Arabern stritt ich mich oft. Meine Eltern redeten sehr hochnäsig über Araber.
„Die Araber sind wilde Tiere“, sagte mein Vater zum Beispiel. „Wir Iraner sind etwas Besseres. Ihr dürft nicht wie dumme Schafe das tun, was die anderen machen. Die anderen sind dumm, ihr aber nicht, denn ihr seid meine Kinder. Ihr habt meine Gene.“
Ich wusste nicht, ob ich meinem Vater das glauben sollte.

Viele Jungs streunten draußen herum, die arabischer Herkunft waren. Oft gerieten wir miteinander in Streit.
An einen Jungen, der Abdullah hieß, kann ich mich zum Beispiel besonders gut erinnern. Er und seine Brüder provozierten mich immer. Irgendwann kam es dann wirklich mal zu einer gefährlichen Steinschlacht. Wir verabredeten uns an einem Hinterhof, um dort gegeneinander zu kämpfen.
„Kommt her, kommt her!“, schrie ich sie wütend an. Mein Freund Emre und ein kurdischer Junge machten mit.
„Ihr Hurensöhne“, schrien die anderen und warfen plötzlich mit Steinen.
Ich schrie ebenfalls laut: „Du Hurensohn!“, und warf zurück.
Die ganze Zeit über ging das so. Wir jagten uns, Steine flogen, und wir schrien wie die Wilden. Wir trafen sie, und sie trafen uns. Immer wenn sie Steine zu uns hinüberwarfen, drehten wir uns um, um nicht getroffen zu werden.
Doch plötzlich: „Boom“, da hatte es mich an der Schläfe knapp über meinem Auge erwischt. Ich blutete.

„Ihr Missgeburten!“, rief ich wütend.
Sie kamen näher und fragten, was los sei.
Irgendwie hatten sie Mitleid mit mir und brachten mich nach Hause. Ganz so ernst war die Feindschaft also doch nicht.
Als meine Mutter meine Verletzung sah, blieb sie kalt. „Selbst schuld!“, sagte sie. „Das geschieht dir recht.“
Vor einigen Jahren sah ich Abdullah nach langer Zeit wieder. Er gab mir die Hand und fragte mich, wie es mir ginge. Das hat mich sehr gefreut, weil es mir zeigte, dass wir nur im Spiel Feinde waren, in Wirklichkeit aber respektierten wir uns.

Zu Hause wurden die Probleme immer größer. Eine große Schwierigkeit war, dass wir so wenig Geld hatten.
Ich habe damals immer von viel Geld geträumt, das ich an alle Armen verteilen wollte. Aber leider konnte ich das nicht.
Mir wurde schon früh klar, dass diese Welt ungerecht ist, weil sie in Arm und Reich aufgeteilt ist, aber ich konnte nichts dagegen tun.

In der Zeit ging ich manchmal klauen. Ich klaute, aber immer nur Kleinigkeiten bei Schlecker, Aldi oder Plus. Zigaretten klaute ich oft für mich, aber auch Alkohol, den ich an andere weiterverkaufte. Manchmal klaute ich auch auf Flohmärkten Sachen, die ich gut gebrauchen konnte. Ein Messer zum Beispiel. Einmal auch eine Blockflöte.
Irgendwann klaute ich zum ersten Mal etwas Größeres.
Damals war ich in einem Kaufhaus, um mit der Playstation® zu spielen, die dort angeschlossen war. Danach schaute ich mich um und entdeckte einen MP3-Player. Er war viel zu teuer für mich, aber ich verliebte mich in das Teil.
„Was ist, wenn ich den Player einfach einstecke?", dachte ich.
Der Gedanke machte sich sofort in meinem Kopf breit. Unruhig ging ich hin und her und schaute mich überall um, um nicht aufzufallen. Schließlich kehrte ich wieder zu dem MP3-Player zurück. Über dem Gerät war zwar eine Kamera angebracht, aber ich dachte, dass der Typ, der die Kamera überwachen soll, vielleicht nicht auf den Monitor schaut.

„Komm schon!", dachte ich mir. „Steck ihn ein, und dann schnell weg!"
Hastig nahm ich den MP3-Player und versteckte ihn in der Hose. Dann verließ ich die Abteilung.
„Schnell, schnell, nur nicht auffallen!", dachte ich. Ich ging die Rolltreppe hinauf Richtung Ausgang.
Plötzlich packte mich ein Typ von hinten.
„Stehen bleiben! Du wurdest gerade beim Klauen erwischt", sagte er.
Dann packte er mich so fest, dass ich nicht abhauen konnte, und schleppte mich die Treppe hinunter. Dort führte er mich in einen Raum.
„Pack das aus, was du da in der Hose hast!", forderte er.
Ich holte den MP3-Player aus der Hose.
„Ich habe das mitgenommen", sagte ich.
„Es tut mir leid. Entschuldigung."
Doch der Typ kannte einfach keine Gnade.
Er rief die Polizei. Sie kam und laberte mich voll.
„Warum klaust du? Das ist strafbar!", sagten sie. „Was sollen wir jetzt mit dir machen?"
Ich kam mir ziemlich blöd vor.

Dann versuchten die Polizisten, meine Eltern anzurufen, aber weder meine Mutter noch mein Vater waren zu Hause. Darum brachten mich die Polizisten in ein Aufnahmeheim. Das macht man so, wenn die Eltern nicht zu Hause sind. Diese Heime haben Zimmer, die extra für solche Zwecke vorgesehen sind. Die Zimmer sehen aus wie eine Gefängniszelle und haben Gitter vor den Fenstern. Doch von dort haute ich ab.
„Ihr könnt mich mal! Nicht mit mir!", dachte ich mir damals.
Als ich dann zu meiner Mutter zurückkehrte, hatte sie natürlich schon von der Polizei erfahren, dass ich geklaut hatte.
„Ich will dich hier nicht mehr sehen!", schrie sie mich an. „Du bist kriminell!"
Und so benachrichtigte sie sofort meinen Vater, der mich zu sich abholte.
Irgendwie kam ich mir wieder völlig allein vor. Natürlich wusste ich, dass ich etwas falsch gemacht hatte. Aber ist das ein Grund, dass seine Mutter ihr Kind nicht mehr sehen will? Ich hätte mir einfach nur gewünscht, dass meine Mutter zu mir gehalten hätte – nur ein einziges Mal.

4

„Mein Sohn Djamal ist kriminell und gefährlich! Ich komme mit ihm nicht mehr klar“, sagte meine Mutter. „Holen Sie ihn hier weg. Ich habe Angst, mit ihm weiter zusammenzuleben.“

Ich war nun zehn oder elf Jahre alt und kurz davor, zur weiterführenden Schule zu kommen. Meine Noten waren schlecht, und ich wäre wahrscheinlich für die Hauptschule vorgeschlagen worden. Dann aber bat mich meine Lehrerin einen Monat vor Schulende wegen meiner Noten zu einem Gespräch. „Du bist eigentlich sehr intelligent“, sagte sie mir. „Aber du musst dich unbedingt mehr anstrengen. Du kannst es schaffen, auf die Realschule zu gehen, wenn du dich wirklich auf den Hosenboden setzt und lernst.“
Bei diesem Gespräch wurde mir klar, dass ich mich bessern muss. Innerhalb eines Monats schaffte ich es, meine Leistungen zu verbessern. Meine Lehrerin war erstaunt und erfreut und riet meiner Mutter, mich zur Gesamt-

schule zu schicken. Da hätte ich die größte Möglichkeit, aufzusteigen, wenn sich meine Leistungen weiter steigerten.
„Der Junge ist nicht dumm“, sagte meine Lehrerin immer. „Er muss sich eben nur mal auf die Schule konzentrieren.“
Das war leicht gesagt. Meine Lehrer hatten eben keine Ahnung, wie es bei mir zu Hause aussah …
Meine Mutter meldete mich dann wirklich an der Gesamtschule in der Nähe unserer Wohnung an. Doch natürlich war mein Vater dagegen. Seiner Meinung nach sollte ich aufs Gymnasium gehen.
„Schämst du dich denn gar nicht, du Dummkopf. Eine Gesamtschule? Meine Kinder gehören nicht auf eine Gesamtschule!“, regte sich mein Vater: „Alles wegen eurer Rabenmutter. Die ist einfach zu dumm. Bringt die euch denn gar nichts bei, diese dumme Kuh?“
In der Gesamtschule strengte ich mich sehr an, und ich bekam tatsächlich gute Noten, aber mein Verhalten verschlechterte sich. Vielleicht kam das daher, dass ich keine Erziehung hatte und meine Mutter überfordert war.

Ich kam einfach nicht mit meinen Mitschülern klar. Ich hatte das Gefühl, dass sie alle aus reichem Elternhaus kamen. Sie trugen tolle Klamotten und bekamen immer alles, was sie sich wünschten. Ich dagegen musste mir immer erstmal Respekt verschaffen. Oft tat ich das dadurch, dass ich mich mit anderen schlug. Manchmal prügelte ich mich richtig schlimm. Ich schlug und boxte mich mit den anderen, um anerkannt zu werden. Es gab viele Ausländer an der Schule, doch wer von woanders kam, wurde nicht respektiert. Das war der Grund für meine Kloppereien. Außerdem waren sie für mich eine Möglichkeit, die Wut rauszulassen, die immer in mir war.

Mein Schulleben ging wie eine Welle auf und ab. Mal arbeitete ich gut mit, dann ließ ich mich wieder hängen und war total unmotiviert. Außerdem traute ich mich nie, mir Hilfe von den Lehrern zu holen oder ein Gespräch mit jemandem über meine Probleme zu führen. Ich hatte Angst, dann nicht mehr anerkannt

zu werden. Letztendlich hatte ich immer das Gefühl, meine Probleme allein lösen zu müssen, und war mir sicher, dass mir sowieso niemand helfen konnte. So freundete ich mich auch mit niemandem an und erzählte nichts von meinen Problemen zu Hause.
„Bin ich eigentlich normal?", fragte ich mich immer wieder. „Ist das, was ich erlebe, normal? Erleben andere das auch so? Und bin eigentlich immer ich an allem schuld?"
Diese Gedanken behinderten mich dabei, für die Schule zu lernen.

Auch zu Hause lief es nicht gut für mich. Da wir oft vor dem Fernseher abhingen, langweilten Saber und ich uns oft. Aus Langeweile wurde Streit. Der endete dann oft damit, dass Saber seine Ausraster bekam und etwas kaputt machte.
Einmal zum Beispiel stritten wir uns um den Fernsehsender. Er wollte etwas gucken, was ich nicht sehen wollte.
„Schalt um", sagte er.
„Nein!", erwiderte ich.

„Schalt jetzt endlich um!", kreischte er weiter. Das provozierte mich, und ich haute ihm in den Magen.
„Ich kriege dich noch, du Arschloch!", schrie Saber nun und rannte hinter mir her. Dabei zerschlug er die Glastür. Ich lachte mich kaputt. Wie oft er diese Glastür schon zerbrochen hatte – das war einfach nur noch komisch!
„Ich bring dich um!", rief Saber total in Rage und stampfte auf den Boden.
„Beruhig dich, Mann!", sagte ich dann zu ihm, und langsam beruhigte er sich wieder. Ich mochte diese Streitigkeiten mit ihm.
„Komm, lass uns uns wieder vertragen, Bruder!", sagte immer einer von uns nach einem Streit. Und zuletzt vertrugen wir uns IMMER!

Im Unterschied zu mir besuchte Saber meinen Vater gerne. Das lag meiner Meinung nach daran, dass er zu klein war, um zu sehen, dass mein Vater sich ihm gegenüber gemein verhielt.

Wenn wir von unserem Vater zurückkehrten, waren wir immer ganz verändert. Besonders mein Bruder war richtig verstört. Meiner Mutter fiel das sofort auf.
„Das kann so nicht weitergehen!“, sagte sie. „Immer unterzieht er euch einer Gehirnwäsche. Wir müssen uns vor ihm verstecken, damit er uns nicht mehr findet.“
Zuerst änderte sie ihre Telefonnummer. Aber er fand natürlich ihre neue Nummer heraus, und dann stritten sie am Telefon, wie immer, bis meine Mutter schließlich auflegte.
Dann zogen wir nach Duisburg, doch auch jetzt gelang es meinem Vater wieder, Kontakt zu uns aufzunehmen.
Obwohl meine Eltern voneinander getrennt waren, herrschte immer noch Krieg und Terror zwischen ihnen.
Später zogen wir in die Stadtmitte um. Wieder musste ich die Schule wechseln. Ich war jetzt in der 8. Klasse. Dieser ewige Schulwechsel machte mich verrückt, und ich begann, viel zu schwänzen. Ich fing auch an, die Lehrer fertigzumachen, und machte nie Hausaufgaben. Zwei Klassenkonferenzen gegen mich folgten, aber das war mir scheißegal.

Immer wieder machte ich den Lehrer fertig. Ich war zwar einer, der Scheiße machte, aber blöd war ich nicht. Ich brachte die Klasse durcheinander, indem ich den Lehrer immer wieder provozierte. Das lenkte mich ein bisschen von den Problemen ab, die ich zu Hause hatte.

Zu Hause wurde es immer schlimmer. Es war wie ein Kreislauf. Ein Streit folgte auf dem anderen.
Wenn ich bei meinem Vater war, machte er mich nur fertig. Aber auch mein Hass gegen ihn wurde immer größer. Ich ließ mir nun von ihm nichts mehr sagen – von ihm nicht, und auch von keinem anderen mehr!
Meine Mutter hielt es mit mir nicht mehr aus, und sie beantragte beim Jugendamt, dass ich ins Heim kommen sollte.
„Mein Sohn Djamal ist kriminell und gefährlich! Ich komme mit ihm nicht mehr klar“, sagte sie, als das Jugendamt bei uns zu Hause auftauchte. „Holen Sie ihn hier weg. Ich habe Angst, mit ihm weiter zusammenzuleben.“

Das Jugendamt stimmte wohl zu, und so kam ich ins Heim. Ich war furchtbar verzweifelt und fühlte mich wie ein Stück Scheiße, wie der letzte Dreck. Meine Mutter hatte mich wirklich ins Heim abgeschoben, weil sie nicht mehr mit mir zusammenleben wollte. Gleichzeitig war ich aber auch erleichtert. Ich hatte die Hoffnung, dass es jetzt, da ich von zu Hause weg war, vielleicht besser für mich würde. Doch ich hatte mich getäuscht.

Das Heim war wie ein Knast. Vor den Fenstern waren Gitter, und die Tür war mit einem Magneten verriegelt. Wenn man rauswollte, musste man einen Knopf drücken und durch einen Lautsprecher mit Leuten aus dem Büro sprechen. Man musste sagen, wer man ist und warum man rauswill. Dann drückten sie aus dem Büro heraus einen Knopf, und die Tür war entriegelt.
Im Flur befand sich eine Kamera. Wenn man neu war, durfte man erst einmal drei Tage lang nicht raus. Außerdem war es im Heim total dreckig. Niemand machte sauber.

Die Jungen, die hier waren, hatten noch mehr Scheiße im Kopf als ich. Sie klauten Alkohol, soffen sich halb tot und mobbten sich gegenseitig, statt zusammenzuhalten. Ich hatte einfach keinen Bock auf so etwas. Hier gehörte ich nicht hin, das spürte ich schnell.
Schon nach einem Tag sprang ich aus dem zweiten Stock aus einem kleinen Notfenster, das keine Gitter hatte. Dabei verstauchte ich mir den Fuß und musste die zwei Kilometer bis zur Bahn humpeln. Ich hatte eine Tasche mit Klamotten dabei. Mit meinen Sachen machte ich mich auf den Weg zu einer Notschlafstätte, die ich von einem Schulausflug in der 8. Klasse kannte. Aber da ich erst 13 war, ließen sie mich nur einen Tag hier bleiben. Dann fuhr mich die Leiterin wieder ins Heim zurück.

In dieser Zeit sammelte ich erste Erfahrungen mit dem Kiffen.
„Halt das mal", sagte mir ein Junge vor dem Heim, wobei er einen Peaceklumpen auf

dem Feuer schmolz und in ein Longpaper mit Tabak drehte. Der Junge hieß Tobias.
„Was ist denn das?", fragte ich.
Er ließ mich daran ziehen.
Klar, ein Joint ist, medizinisch gesehen, eine Droge, die psychisch abhängig macht, aber für mich war Marihuana wie ein Heilmittel. Ich fand sofort Gefallen daran. Es half mir irgendwie, meine Probleme zu verarbeiten. Ich fand eine ganz andere Ruhe, über mich nachzudenken und den Kopf nicht hängen zu lassen.
Jedenfalls ging es mir damit gut!

Nun hörte mein Vater, dass ich im Heim war, und mischte sich ein.
„Es ist eine Schande für die Familie, dass mein Sohn in einem Heim lebt", sagte er. „Das ist gegen unsere Ehre! Ich habe auch das Sorgerecht und Aufenthaltsbestimmungsrecht für meinen Sohn. Er wird nicht in irgendeinem Heim mit Kriminellen bleiben."
Er wollte mich mitnehmen, aber das wollte ich nicht. Ich wusste, bei meinem Vater würde

es mir noch viel schlechter gehen. Doch mein Vater setzte alles daran, mich zu überreden. „Komm doch nach Hause. Dann wird alles besser“, redete er auf mich ein. „Du kannst dann doch auch wieder zur Schule gehen.“ Das gab für mich schließlich den Ausschlag. Ich wollte einfach gerne einen guten Schulabschluss machen. So zog ich schließlich zu ihm und ging endlich auch wieder zur Schule. Doch instinktiv ahnte ich, dass das alles nicht lange gut gehen würde. Und so war es auch.

Mein Vater versuchte wieder ziemlich schnell, mich wie einen Roboter zu programmieren, indem er zwei drei Stunden am Tag auf mich einredete. Wieder und wieder sagte er mir, was ich alles falsch machte. Dass auch er einen Fehler machte, kam ihm überhaupt nicht in den Sinn.

Das konnte ich einfach nicht aushalten.

Vier Monate lebte ich bei meinem Vater, länger schaffte ich es nicht. Dann haute ich ab. Von nun an gab es keinen Ort mehr, an dem ich es lange aushielt. Oft lebte ich auch auf der Straße.

5

„Hilfe, mein Sohn ist durchgedreht. Er macht alles kaputt, er schlägt seinen kleinen Bruder …", schrie meine Mutter.

Wo immer ich nun war, ich haute schnell wieder ab und lief damit auch vor meinen Problemen davon.
Die unterschiedlichen Lebensabschnitte verliefen immer in ähnlicher Reihenfolge. Es begann damit, dass ich irgendwann zu meiner Mutter heimkehrte. Sie reichte mich an meinen Vater weiter oder brachte mich ins Heim, da riss ich aus und lebte wieder auf der Straße.
Ein ewiger Wechsel begann: Mutter – Straße – Heim – Vater – Mutter – Straße – Heim – Vater … Entweder ich haute ab, oder ich wurde abgeschoben, denn weder meine Mutter noch mein Vater wollten mich wirklich haben. So wurde ich immer zwischen ihnen hin- und hergeschoben. Ich kam mir dabei einfach nur mies vor, denn ich sah ganz deutlich, dass mich meine Eltern einfach nur los sein wollten.

Immer wieder war ich auf der Suche nach einem besseren, glücklicheren Leben und fand es nicht. Ich kam nirgends richtig an. Das Leben auf der Straße war noch das Beste von allem. Nur hier fühlte ich mich wirklich frei. Die Wirklichkeit dort war zwar schwer und traurig, doch wenigstens hatte ich hier meine Ruhe. Es gab niemanden, der mir sagte, was falsch und was richtig war. Am liebsten setzte ich mich irgendwo hin und beobachtete die Leute, die an mir vorbeikamen.

Das Schlechte an dieser Situation war aber natürlich, dass ich kein Zuhause hatte und auf mich selbst gestellt war. Auf der Straße bekommt man schnell Tipps von anderen Jugendlichen, die ebenfalls dort leben. Sie erklärten mir, wo ich schlafen und wo ich etwas zu essen bekommen konnte. So übernachtete ich in einem Jugendtreff, die Zimmer für jugendliche Obdachlose anboten. Hier konnte ich duschen und meine Sachen waschen. Auch essen und trinken erhielt ich hier – und es war warm.

Tagsüber musste man den Jugendtreff verlassen und sich selbst durchschlagen. Ich klaute mir das zusammen, was ich zum Leben brauchte. Außerdem rauchte ich hin und wieder Marihuana. Das Gras half mir, meine Probleme zu vergessen. Ich hatte immer das Gefühl, die Dinge klarer zu sehen, wenn ich Marihuana nahm. Das stimmt natürlich nicht wirklich, aber es kam mir damals so vor.

Dann begann meine Mutter, in der Pizzeria meines Onkels zu arbeiten. Dort lernte sie ihren neuen Freund Mohammed kennen.
Ich hoffte, dass nun alles wieder gut werden würde und ich endlich eine Familie hätte.
Darum zog ich wieder bei ihr ein.
Zuerst mochten mein Bruder und ich Mohammed nicht, und wir überlegten, wie wir ihn wieder vertreiben könnten.
„Wenn dieser Mohammed zu uns kommt, kriegt er eine dicke Torte ins Gesicht!", schrien Saber und ich immer, aber das war dumm, denn jetzt ist Mohammed ein guter Freund. Wir kennen ihn jetzt schon sieben Jahre, und er war immer sehr tolerant mir gegenüber. Er wusste genau, was ich durchmachen musste.

Mohammed hat selbst zwei Kinder, die schon erwachsen sind, also wusste er, woran er war, als er sich mit meiner Mutter einließ. Zunächst lief zu Hause alles etwas besser, seit Mohammed da war.

Ich ging wieder zur Schule und wurde in der 9. Klasse der Gesamtschule angemeldet. Mein Vater hatte allerdings durch das letzte Heim, in dem ich war, erfahren, dass ich kiffte, und benachrichtigte meine Mutter. Sofort glaubte sie, dass ich ein Junkie sei, und machte mir total Stress.
Meine Eltern reagierten wie immer:
„Der Junge ist an allem schuld. Wie schön wäre es, wenn er nicht wäre ..." Das hörte ich oft.
Doch genau deshalb kiffte ich ja. Ich war unglücklich wegen meiner Eltern und versuchte durch das Kiffen, die Welt um mich herum besser ertragen zu können. Ich fand das Kiffen überhaupt nicht schlimm, im Gegenteil, ich hatte immer das Gefühl, es half mir, mein Leben zu bewältigen.

„Ich kann jederzeit damit aufhören, aber ich will das gar nicht“, redete ich mir immer selbst zu. Noch heute sehe ich es gerne so, aber ich muss zugeben, dass es mich nach und nach abhängig machte.

Ein halbes Jahr lang lebte ich mit meinem Bruder bei meiner Mutter. Das war nicht immer einfach. Wir zankten uns oft. Eines Tages kam es zu einem heftigen Streit mit mir, meiner Mutter und meinem Bruder, der ganz schrecklich verlief und letztendlich mein Leben veränderte.
Zuerst fing alles an wie immer. Ich zankte mich mit meinem Bruder – ganz normal, wie wir uns immer stritten und später wieder vertrugen. Doch plötzlich griff meine Mutter ein und machte mich fertig:
„Lass deinen kleinen Bruder in Ruhe! Du hast doch schon genug kaputt gemacht“, schrie sie mich an. „Verschwinde aus meinem Leben!“
Diese Worte hatte ich schon so oft gehört. Sie sagte sie früher immer zu meinem Vater,

jetzt kriegte ich sie zu hören. Aber diesmal klangen sie ernst und bedrohlich.
Auch mein Bruder schien zu spüren, dass sie es jetzt ernst meinte.
„Mama, ist doch alles nicht so wild!“, rief er. „Beruhige dich doch. Djamal hat es nicht so gemeint!“
Doch meine Mutter schrie immer weiter herum: „Was willst du überhaupt hier? Geh doch zu deinem Vater! Ich will dich hier nicht mehr sehen!“
So ging das immer weiter. Da drehte ich durch. Es war wie damals, als ich schon einmal wahnsinnig wütend war.
Eigentlich war ich nur furchtbar verzweifelt, weil ich spürte, dass mich meine Mutter wirklich loswerden wollte, aber diese Verzweiflung schlug in Aggression um. Das konnte ich einfach nicht ändern. Ich hatte Angst, dass sie mich wieder rausschmeißt, mich wieder abschiebt, und gleichzeitig wusste ich, dass ich es nicht verhindern konnte.
Wie oft hatten mir Pädagogen im Gespräch gesagt: „Deine Mutter liebt dich doch! Sie will nur das Beste für dich.“ Aber warum merkte ich nie etwas von ihrer Liebe?

Warum zeigte sie mir immer das Gegenteil? Warum schrie sie mich immer an und beleidigte mich?
Sie sagte mir immer, dass mein Vater ein Psychopath sei. Aber sie selbst war es auch. Sie war genauso krank und psychopathisch wie mein Vater.
Eigentlich wollte ich immer nur in Frieden mit meiner Mutter leben, aber diese Streitigkeiten, und vor allem ihre Beschimpfungen, machten alles kaputt. Das wollte ich ihr heimzahlen.
So nahm ich verschiedene Gegenstände, riss sie hoch und warf sie durch das Zimmer, sodass sie kaputtgingen.
Jetzt kam alles genau so, wie ich es befürchtet hatte. Meine Mutter griff zum Telefon und rief die Polizei.
„Hilfe, mein Sohn ist durchgedreht. Er macht alles kaputt, er schlägt seinen kleinen Bruder …", schrie meine Mutter.
Das war sehr schlimm für mich. In Wirklichkeit war ich fix und fertig. Ich war einfach so enttäuscht und fühlte mich nicht geliebt.
Viele Gedanken kreisten mir gleichzeitig durch den Kopf: „Das ist eine Verschwörung",

dachte ich immer wieder. Und auch: „Ich wusste, dass es so weit kommt. Ich wusste schon immer, dass mich meine Mutter hasst." Und zuletzt machte sich nur noch ein Gedanke in meinem Kopf breit: „Scheiß drauf! Alles ist besser als das!"
Dann kam die Polizei.
„Mitkommen!", sagten sie.
Ich ging auf sie zu und ließ mich mitnehmen, ließ einfach zu, dass sie mich abholten, und wehrte mich nicht. Als ich auf der Straße war, sah ich meinen Bruder hinter dem Fenster sitzen. Er winkte mir traurig nach.

Die Polizisten brachten mich zum Jugendamt. Dort kaufte man mir ein Ticket, damit ich zu meinem Vater fahren konnte. Aber ich fuhr nicht dorthin.
Die einzigen Orte, an denen ich in Ruhe leben konnte, waren die Straße und die Notschlafstelle. Hierhin fuhr ich dann auch und traf gleich ein paar alte Bekannte wieder – Leute, die ich noch aus meinem Straßenleben kannte. Sie alle konnten mich gut verstehen.

In der Notschlafstelle ließ ich mich aufs Bett fallen und dachte nach. Ich wusste einfach nicht mehr, wie es weitergehen sollte. Ins Heim wollte ich nicht, und zu meinem Vater wollte ich auch auf keinen Fall zurück. Aber bei meiner Mutter konnte ich auch nicht mehr bleiben.

Mutter – Straße – Heim – Vater – Was hatte ich für Alternativen?

In der Zwischenzeit rief mein Vater in der Notschlafstelle an und machte Terror.

„Ich weiß, dass mein Sohn bei Ihnen lebt!", schrie er. „Aber das will ich nicht! Mein Sohn soll nicht bei irgendwelchen Pennern leben."

Das war wirklich unverschämt. Diese Jugendlichen hier waren nette Menschen, viele von ihnen in meinem Alter. Keinen von ihnen konnte man als Penner bezeichnen.

Doch die Chefin der Notschlafstelle ließ sich von den klugen und wortgewandten Reden meines Vaters beeindrucken und rief mich zu sich.

„Warum gehst du nicht zu deinem Vater?", fragte sie. „Der macht doch einen total vernünftigen Eindruck. Ich verstehe dich nicht. Du gehörst nicht in diese Welt."

Sie wollte mich einfach nicht verstehen. Nur weil mein Vater einmal einen vernünftigen Eindruck am Telefon machte, hieß das doch noch lange nicht, dass er es wirklich ist. Ich wusste es besser. Ich wusste genau, wie gut er andere immer mit seinen Reden und seinen gewählten Ausdrücken beeindrucken und blenden konnte. In Wirklichkeit war er ein Psychopath – ein gefährlicher, intelligenter Psychopath! Genau wie meine Mutter. Doch niemand glaubte mir.
„Wenn du nicht zu deinem Vater willst, solltest du wenigstens ins Heim gehen", schlug man mir vor. So schickte man mich von der Notschlafstelle ins Heim zurück.

Mutter – Straße – Heim … Was kam jetzt? Richtig! Mein Vater!
Er meldete sich im Heim und machte auch dort Terror. Man holte mich ans Telefon, und er redete auf mich ein.
„Komm doch nach Hause zu deinem Vater. Das ist doch dein eigentliches Zuhause", bat er mich. „Hier kannst du doch wieder

zur Schule gehen." Außerdem meinte er: „Du kannst doch nicht im Heim leben. Weißt du, wie viel der Staat für dich zahlen muss? Außerdem passt du da nicht rein."
Es war wie immer. Seine Stimme klang freundlich und liebevoll. Sofort machte sich bei mir die Hoffnung breit, es könnte vielleicht doch noch alles gut werden. Und so ließ ich mich wieder von ihm überreden.
„Okay", sagte ich. „Ich komme wieder."
Zu gerne hätte ich jetzt Bedingungen gestellt, zum Beispiel, dass er mich in Ruhe lässt, dass ich selbst meine Entscheidungen treffe und dass er mir keine stundenlangen Predigten halten soll. Ich wollte auch keine Vorwürfe mehr hören, sondern meine Sachen allein erledigen. Ich wollte respektiert werden, wollte so behandelt werden, wie andere Väter ihre Söhne behandeln, und nicht wie ein kleiner Dummkopf, dem alles vorgeschrieben wird.

Bei meinem Vater ging ich dann tatsächlich wieder zur Schule.

Diesmal ging es aber nur zwei Tage gut, bis mein Vater schon wieder anfing, auf mich einzureden.
Ich dachte mir zunächst: „Halt das jetzt einfach mal aus! Die Schule ist wichtiger. Wenn du auf der Straße lebst, kannst du nicht zur Schule gehen."
Jeden Tag musste ich mir das sagen, und dann Woche für Woche. Erstaunlicherweise verbesserten sich meine Noten in der Schule, aber meinem Vater reichte das nicht.
Wenn er zum Beispiel nach Hause kam, und ich schaute gerade fern, ging es wieder los: „Fernsehen, was ist denn das für ein Scheiß? Was ist denn mit deinen Hausaufgaben?"
„Die habe ich schon gemacht", antwortete ich.
„Und was ist mit Lernen, du dummer Junge? Du musst überall Eins stehen. Schäm dich. Du bist auf einer Gesamtschule." Dann ging es weiter: „Was ist mit Lesen? Warum liest du nichts? Bist du zu faul oder was?"
Und dann kamen sie wieder, seine ewigen Predigten. Sie waren wie immer zwei bis drei Stunden lang. Das alles machte mir unheimlich Stress.

Mein Vater beschäftigte mich den ganzen Tag. Mein Leben war ein einziger Dauerstress. Immer musste ich im Haushalt meines Vaters den Hausmann spielen, musste putzen und aufräumen und ganz nebenbei auch noch für die Schule üben. Seinen Ansprüchen genügte ich dennoch nie.
„Scheiß auf alles, Mann, das halte ich nicht mehr aus!“, dachte ich verzweifelt.
Die Beziehung zwischen meinem Vater und mir wurde von Tag zu Tag schlimmer.
Mein Vater konnte einfach kein Ende finden. Er schreckte vor keiner Demütigung zurück. Ich konnte nicht mehr. Es ging nicht anders. Ich lief wieder weg.
Mein Leben war wie eine Waage. Wurde die eine Seite zu schwer, und die Grenze war überschritten, floh ich aus der stressigen Situation. Ich wartete einfach darauf, dass mein Vater zur Arbeit ging, dann nahm ich mir ein bisschen Geld und verschwand.
Lieber ein Leben auf der Straße, aber dafür frei sein, als bei meinem Vater als Sklave schuften, so dachte ich damals.

Auf der Straße zu leben, hört sich vielleicht ganz nett und romantisch an, aber das ist es natürlich nicht. Das Leben dort ist überhaupt nicht einfach. Das Schlimmste daran ist die Ziellosigkeit. Man muss jeden Tag neu planen, muss überlegen, wo man hingeht, wie man die Zeit totschlägt, wo man sein Essen herbekommt, wo man schläft. Jeden Tag aufs Neue. Gleichzeitig weiß man, dass das Leben, das man führt, überhaupt keine Perspektive hat.
Aber welche Alternativen hatte ich schon?

Wieder begann mein Leben auf der Straße. Ich wanderte von Dortmund nach Essen, von da aus nach Duisburg. Tagsüber war ich immer unterwegs. Nachts suchte ich mir einen Platz in einer der Notschlafstätten. Aber mein altes Leben holte mich immer wieder ein. Mein Vater war mir immer auf den Fersen. Da diese Notschlafstellen Projekte des Jugendamtes waren, rief mein Vater immer wieder dort an und erzählte schlimme Geschichten über mich.

„Der Junge ist drogenabhängig", sagte er. „Er beachtet keine Regeln, geht nicht zur Schule und haut immer wieder ab. Er ist total geistesgestört. Außerdem ist er kriminell, und er schlägt seinen kleinen Bruder."
Das stimmte natürlich nicht, aber mir glaubte einfach niemand. Wenn ich versuchte, die Dinge zu erklären, hörte man mir noch nicht einmal zu. So lernte ich, zu schweigen, statt mich zu verteidigen. Was sollte ich auch sagen? Es hatte ja doch keinen Zweck. Diese Spielchen waren einfach vergeudete Energie.
Vater – Straße – Was kam jetzt? Richtig.
Das Heim war mal wieder an der Reihe!
Das Jugendamt beschloss, dass ich ins Heim zurücksollte.
Ich kam mir vor wie ein Pingpongball.
„Schlag ihn so lange gegen die Wand, bis er ganz kaputtgeht und keiner mehr mit ihm spielen will."
Wieder kam ich also ins Heim. Aber mein Vater ließ mich immer noch nicht in Ruhe. Er erzählte auch hier, dass ich drogenabhängig und „krank" sei. Das führte dazu, dass man mich für ein halbes Jahr aus der Schule ausschloss, bis ein psycho-

logisches Gutachten bewies, dass ich nicht „krank" war.

Keiner verstand mich. Ich kiffte in dieser Zeit viel, weil ich glaubte, so mit meinen ganzen Problemen klarzukommen. Zu der Zeit dachte ich tatsächlich, dass ich frei entscheiden konnte, ob ich kiffte oder nicht. Aber es war sicherlich so, dass ich abhängiger von Marihuana war, als ich es selbst wahrhaben wollte.

6

„Du willst ein Vater sein?", schrie ich.
„Du bist ein Arschloch, das nur an seine Ehre denkt. Ich scheiße auf dich!"

Nach einiger Zeit im Heim meldete sich mein Vater wieder bei mir.
„Ich muss mit dir reden!", sagte er. „Können wir uns treffen?"
Es war wie immer. Mein Vater rief an und redete freundlich. Wieder dachte ich sofort, dass nun ein neuer Lebensabschnitt beginnt und alles besser würde.
Darum verabredete ich mich mit meinem Vater.
Doch als wir uns trafen, hielt mir mein Vater meinen Reisepass unter die Nase. Er enthielt einen dicken, neuen Stempel. „Ungültig" stand darauf.
Ich war total verwirrt.
„Was soll das?", fragte ich.
„Ich habe dich nach Deutschland gebracht, und ich kann dich auch wieder in den Iran zurückschicken", sagte mein Vater.

Und das stimmte! Er hatte ja wirklich mein Aufenthaltsbestimmungsrecht.
Ich war völlig perplex und durcheinander, kapierte überhaupt nichts.
„Willst du mich verarschen?“, fragte ich.
„Was machst du? Was hast du vor?“
Sofort schrien wir uns an. Ich konnte es einfach nicht fassen. Mein Vater verabscheute mich so sehr, dass er meinen Pass ungültig stempeln ließ und mich zurück in den Iran schicken wollte. Diesmal wollte er mich nicht nur loswerden oder zu meiner Mutter abschieben, diesmal wollte er mich wirklich abschieben, in den Iran! Einfach so!
Manche Leute sagen mir heute, so etwas sei gar nicht so einfach möglich. Mein Vater hätte mich vielleicht damals nur verarscht. Ich weiß nicht, ob das stimmt, und zu dem Zeitpunkt habe ich auch überhaupt nicht daran gezweifelt, dass er mich wirklich abschieben konnte. Ich sah diesen Pass mit dem Ungültigkeitsstempel und glaubte meinem Vater die Geschichte sofort.
Meine Eltern hatten sowieso immer damit gedroht, mich in den Iran abschieben zu lassen, wenn ich mich nicht anpasste.

Deshalb geriet ich total in Panik.
Ohne Pass hatte mich mein Vater in der Hand.
„Ich will mit dir reden!“, sagte mein Vater – und ich wusste genau, was das bedeutete: Stundenlange Predigten …
„Du bist abhängig! Marihuana ist eine Droge, die macht dich kaputt. Aber das merkst du gar nicht, weil du ein Junkie bist!“
Das war die Stellungnahme meines Vaters.
„Ich will, dass du einen Drogenentzug machst und in eine Klinik gehst!“, forderte er weiter.
Das machte mich fassungslos. Drogenabhängige, das waren heroinabhängige Junkies. Was hatte ich denn mit denen zu tun? Ich hatte nur gekifft und sonst keine anderen Drogen genommen. Wie ein Junkie fühlte ich mich überhaupt nicht. Darum konnte und wollte ich die Sichtweise meines Vaters nicht verstehen.
„Drogentherapie oder Abschiebung – entscheide dich!“, drohte mein Vater.
Ich fing an, ihn immer mehr zu hassen – mehr als alles andere auf der Welt.
„Ich verlange von dir, dass du in die Klinik gehst!“, forderte er strikt. „Es gibt eine Klinik

in Hessen, die ist ganz bekannt. Dort lebst du mit anderen Abhängigen auf einem Bauernhof und bleibst dort so lange, bis du clean bist. Wenn du das nicht machst, musst du in den Iran zurück!"

Ich war völlig außer mir. Er erpresste mich, irgendwo im Nirgendwo auf einem Bauernhof mit unzähligen Heroinsüchtigen und Opium-Konsumenten zu leben. Jugendliche, die schon alle möglichen Drogen von A–Z durchhatten. Was sollte ich machen? Ich hatte keine Wahl – er hatte mich in der Hand, denn in den Iran abgeschoben werden wollte ich bestimmt nicht.

Ich hatte große Angst vor dem Iran. Meine Eltern hatten mir immer wieder erzählt, wie streng es dort war und wie bedrohlich das Militär mit der Bevölkerung umging. Dorthin wollte ich auf keinen Fall. So blieb mir nichts anderes übrig, als in diese „Klinik" zu gehen.

Man kann eigentlich nicht von einer Klinik sprechen. Es war ein Bauernhof, auf den ich kam, weit weg von jeder Zivilisation, mit

Ställen und Tieren. Hier waren Jugendliche, aber auch ältere Männer zwischen 40 und 50 Jahren untergebracht.
Diese Klinik war sicherlich nicht schlecht, und bei ihrer Arbeit, Menschen von harten Drogen loszubekommen, hatten sie große Erfolge.
Hier auf dem Hof durfte man nicht von Drogen sprechen, man durfte auch keine Schimpfwörter sagen. Täglich gab es Gesprächsrunden, in denen man „sich öffnen" konnte, d.h., dass man über seine Probleme und Eindrücke reden durfte. In dieser Runde durfte man sogar Leute anschreien, die man nicht mochte, und sagen, was man will und nicht mag, aber eben nur in dieser Runde. Es gab nur wenig Schlaf und keinen Kontakt zur Außenwelt.
Jeden Morgen musste ich um 5.30 Uhr aufstehen und bis 22.00 Uhr durchgehend arbeiten.
Zwei Wochen – länger hielt ich das nicht aus. Ich lief wieder weg – vor dem Heim und auch vor meinen Problemen. Aber das war irgendwie zu verstehen, oder?
Vater – Straße – Heim – Klinik. Nun war eigentlich mal wieder meine Mutter dran.

Also tauchte ich bei ihr in Duisburg unter. Naja, den Rest kann man sich denken …
Es war auch hier wie immer. Ich ging für kurze Zeit zur Schule und versuchte, mich zu Hause ruhig zu verhalten. Doch wie immer gab es nur Streit.
So kam es, dass ich auch von hier wieder weglief. Die Straße war nun wieder einmal an der Reihe. So fuhr ich nach Dortmund und lebte ein bis zwei Monate auf der Straße. Nachts schlief ich in der Notschlafstelle.

Plötzlich fiel mir auf, dass ich schon lange nichts mehr von meinem Vater gehört hatte. Und eines Tages kapierte ich auch, warum.
„Routine! Ausweiskontrolle!“, hielt mich ein Polizist an. Ich hatte ja keinen Ausweis mehr. Darum gab ich ihm meine Krankenversicherungskarte. Der Polizist überprüfte mich.
„Du bist von deinem Vater als vermisst gemeldet“, sagte er mir dann.
„Ich bin gerade auf dem Weg nach Hause zu meinem Vater“, erklärte ich höflich. „Ich habe nur bei einem Freund übernachtet.“

Der Polizist überlegte einen Moment lang. Dann ließ er mich laufen. Ich hatte ja kein Verbrechen begangen, und es lag kein Haftbefehl gegen mich vor.
Als ich weiterging, überkam mich eine riesige Wut auf meinen Vater. Warum machte er das immer und immer wieder? Warum konnte er mich denn nicht einfach in Ruhe lassen? Warum tat er so, als liege ihm etwas an mir, andererseits aber drohte er damit, mich in den Iran abzuschieben? Er wollte mich einfach immer nur quälen.
Vor dem Jugendamt trat er immer als der fürsorgliche Vater auf, aber eigentlich interessierte ich ihn gar nicht.
So beschloss ich, zu ihm zu gehen und ihn zur Rede zu stellen.
Entweder er sollte mich komplett in Ruhe lassen und die Vermisstenanzeige zurückziehen, oder er sollte sich um mich kümmern, mir meine Klamotten und mein Kindergeld geben, damit ich alleine und in Ruhe leben konnte (das Kindergeld behielt er nämlich immer für sich …).

Als er mich an der Tür sah, wollte er mich zuerst nicht reinlassen.
„Was machst du hier? Was willst du von mir? Mit einem Junkie rede ich nicht", versuchte er, mich abzuwimmeln.
Aber als ich anfing, rumzuschreien, ließ er mich rein. Er wollte ja vor den Nachbarn nicht auffallen.
„Was willst du eigentlich von mir? Warum machst du das alles?", schrie ich ihn an.
„Es geht um die Ehre", sagte er. „Es geht um meine Familie. Ich habe euch nach Deutschland gebracht, und ich lasse mir von niemandem meine Ehre kaputt machen."
Das waren seine Worte. Mir platzte fast der Kragen.
„Was ist dir wichtiger? Deine Ehre oder deine Kinder?", wollte ich wissen.
Da kam er mit seinem Gesicht ganz dicht vor meines und sagte: „Du bist einfach nur Dreck!"
Ich war so wütend über seine Arroganz, dass ich die Fassung verlor. Zuerst schubste ich ihn, dann spuckte ich vor ihn auf den Boden:

„Du willst ein Vater sein? Nein, du bist ein Arschloch, das nur an seine Ehre denkt. Ich scheiße auf dich! Du warst nie mein Vater und wirst es nie sein. Ich hasse dich!"
Er sagte ganz erstaunt: „Was ist los mit dir? Du bist schon wieder bekifft und auf Drogen, du Junkie. Verschwinde aus meinem Haus!"
Seine Arroganz machte mich total fertig. Gleichzeitig wurde ich immer wütender. Auch die Wut meines Vaters wurde immer größer.
Er stand mir nun genau gegenüber – Kopf an Kopf. Dann holte er aus und schubste mich. Meine Nerven lagen blank, und ich war voller Hass.
Ich fasste in meine Tasche und zog ein kleines Messer heraus, das ich immer bei mir trug. Es war ein so genanntes Sprungmesser. Die zehn Zentimeter lange Klinge sprang auf, wenn man auf einen Knopf drückte. Dieses Messer hatte ich auf einem Flohmarkt geklaut. Jetzt klappte ich es aus und hielt es eine Weile in der Hand fest.
Dann nahm ich es hoch. Ich hielt es so, dass mein Vater es sehen musste. Dabei hoffte ich, es würde ihm so viel Angst machen, dass er

mir nicht weiter auf die Pelle rückte. Immer noch stand er mir gegenüber. Seine Augen funkelten wütend.
Dann kam in mir alles wieder hoch: wie er mich vor den anderen schlechtmachte, wie wenig er mit mir zu tun haben wollte, wie er meinen Pass ungültig stempeln ließ. Das alles lief vor meinem inneren Auge ab wie ein schlechter Film.
Jetzt hob ich meine Hand und holte von oben aus. Ich zog die Klinge quer über seine Hand.
Obwohl es eine Kurzschlusshandlung war, die ich gar nicht überlegt hatte, erlebte ich diese Szene wie in Zeitlupe. Ich war sehr angespannt und aufgeregt. Noch nie zuvor hatte ich so etwas getan. Ich war außer mir vor Wut und hatte einfach die Kontrolle über mich verloren.
Nun hatte ich ihn verletzt. Ich war tatsächlich so gefährlich und kriminell geworden, wie es meine Eltern immer von mir behauptet hatten. Natürlich wollte ich das eigentlich nicht, aber ich hatte einfach vor lauter Wut rotgesehen.
Mein Vater begann, zu jammern.

„Was willst du von mir? Lass mich in Ruhe. Hier, nimm das Geld, und geh!“, rief er und warf 50 Euro auf den Boden.

Ich sah ihn noch einmal an und sagte: „Du bist der schlimmste Vater, den man sich vorstellen kann, du Bastard!“

Kurz überlegte ich, dann nahm ich das Geld und ging.

Heute denke ich, ich hätte das Geld besser nicht nehmen sollen. So wirkte es, als ginge es mir nur um Geld und nicht um meinen Vater. Aber das stimmte ja nicht. Denn eigentlich wollte ich ja nur, dass mich jemand liebt und sich wirklich vernünftig um mich kümmert.

7

„Du hast keinen festen Wohnsitz, nimmst Drogen, gehst nicht zur Schule und bist gefährlich", sagte der Richter.

Ein paar Tage später ging ich wieder in dieses Heim, in dem ich manchmal gelebt hatte, seit ich mit meiner Mutter nach Duisburg gezogen war.
Mit einem Mal kam die Polizei in den Raum.
„Bist du Djamal?", fragten sie mich.
„Woher wissen die denn, dass ich hier bin?", wunderte ich mich.
Dann aber wurde mir klar, dass mein Vater mich überall suchte. Er allein kannte die Heime, in denen ich mich aufhielt.
„Du hast deinen Vater mit einem Messer angegriffen, ihn ausgeraubt und bedroht", sagte die Polizei.
Das kam mir vor wie ein schlechter Film.
„Das stimmt so nicht!", rief ich.
Ich erzählte ihnen die Geschichte aus meiner Sicht. Aber sie glaubten mir nicht. Mein Vater war einfach besser im Geschichtenerzählen.

„Mitkommen! Du bist verhaftet!", sagte ein Polizist. Ich wurde abgeführt.
Nie hätte ich gedacht, dass mir so etwas passieren würde.
Ich kam für zwei Tage ins Polizeigefängnis. Dann wurde ich dem Haftrichter vorgeführt, hatte einen Pflichtverteidiger und jemanden von der Jugendgerichtshilfe.
Es war kein richtiger Prozess, sondern eine Vorführung vor dem Richter, der dann entscheiden kann, ob man in Untersuchungshaft kommt oder nicht.
„Du hast keinen festen Wohnsitz, nimmst Drogen, gehst nicht zur Schule und bist gefährlich", sagte der Richter.
Ich saß einfach da und sagte kein Wort.
„Du gehst in die JVA nach Herford", ordnete der Richter an.
Nun kapierte ich, dass das kein Spiel mehr war. Ich brach völlig zusammen. Es fällt mir schwer, zu schreiben, dass ich geweint habe und den Richter gebeten habe, das nicht zu tun.
Ich hatte nie gewollt, dass es so weit kommt. Aber der Richter ließ sich nicht beeindrucken.
„Potenzieller Gewalttäter", „unberechenbar", „aggressiv", „unkontrollierter Junge", „eine

Gefahr für die Gesellschaft", lautete sein Statement.
Ich war einfach nur fassungslos. Ab in den Knast hieß es nun für mich. Und ich konnte nichts dagegen tun.

Danach brach eine Welt für mich zusammen. Wie es ist, sich mit so einer Situation abfinden zu müssen, kann man gar nicht beschreiben. Es ist einfach unglaublich: Knastkleidung – Gitter – ein 4-mal-2-Meter-Raum, nur mit Klo, und nicht zu vergessen: ein verdammtes Radio mit 1Live. Ich hasse es heute noch.
Ich kam einfach nicht klar im Knast. Ich drehte völlig durch, schlug gegen den Schrank und gegen alles, was da war. Schließlich erschien ein Beamter.
„Ich komme hier in dieser Zelle nicht klar!", schrie ich. „Ich will raus! Lassen Sie mich raus, ich habe doch gar nichts getan!"
Der Beamte verschwand und kam kurze Zeit später mit vier weiteren Beamten wieder. Dann packten sie mich und brachten mich in den Bunker.

Das war also das Ergebnis meines Widerstandes: der Bunker, zweieinhalb Tage.
Der Bunker ist eine Zelle, in der man allein die Zeit absitzen muss. Eine Matratze und ein Plumpsklo gibt es hier, sonst nichts.
Das war einfach furchtbar.
Als ich wieder rauskam, hatte ich ein Gespräch mit einem Psychologen. Er beschloss, dass ich in eine Doppelzelle kommen sollte. Dort blieb ich einen Monat lang.
Erstaunlicherweise war es nicht so schlimm, wie ich befürchtet hatte.
Nach und nach lernte ich die anderen Jungs aus meiner Abteilung kennen und kam ganz gut mit ihnen klar. Ich hätte nicht gedacht, dass Knackis gar nicht so schlimm sind. Sie waren alle sehr vernünftig, und man konnte mit jedem ein gutes Gespräch führen. Jeder war korrekt. Man hat immer nur Vorurteile gegen Kriminelle, aber wenn man sie kennenlernt, sieht man, dass das nur Menschen sind, die zu oft im Leben enttäuscht wurden.
Auch mit einigen Beamten kam ich super klar.
Trotzdem war ich nicht wirklich in der Lage, das alles zu verarbeiten. Wieso war ich plötz-

lich hier? Warum war ich ein potenzieller Gewaltverbrecher? Was war falschgelaufen?

Dann schlug das Jugendamt vor, dass ich in eine U-Haft-Vermeidungs-Heimgruppe kommen sollte. Das sind Heimgruppen, die als Alternative zur Untersuchungshaft gelten. Sie wird für Menschen verwendet, die in Untersuchungshaft sitzen müssen, denen man aber noch eine Chance geben möchte. Nicht jeder darf in so eine Vermeidungsgruppe. Das Jugendamt muss im Amtsgericht prüfen, ob man sich dazu eignet.
In dieser Gruppe herrschen strenge Regeln, man darf zum Beispiel nicht länger als eine halbe Stunde am Tag raus. Das Amtsgericht bewilligte, dass ich bis zu meinem Gerichtstermin in dieser Haftvermeidungsgruppe bleiben konnte.
Der Leiter der Haftvermeidungsgruppe holte mich persönlich ab. Er war ganz korrekt und freundlich. Als ich dann aber im Heim ankam, bekam ich einen ganz schönen Schock und dachte mir: „Wo bist du gelandet?"

Die Leute, die hier waren, hatten wie ich eine letzte Chance, die Haft zu vermeiden. Und doch hielten sie das alles nur für ein Spiel. Es wollte zwar niemand von ihnen in den Knast, aber etwas dagegen zu tun, fiel ihnen auch nicht ein.
Ich aber verhielt mich wirklich korrekt und bemühte mich, alle Regeln einzuhalten.
Nur mit dem Kiffen hörte ich nicht auf. Das schaffte ich einfach nicht. Aber gerade das hatte ich als Auflage bekommen, und ich musste mich regelmäßigen Drogentests unterziehen.
Eigentlich dachte ich zu der Zeit noch, ich könnte frei entscheiden, zu kiffen oder es zu lassen. Tatsache aber war, dass mich die Drogen zu sehr in den Bann gezogen hatten. Ich kam nicht mehr so einfach davon los.
Mit meinem Kiffen verstieß ich also gegen die Auflagen.

Als ein halbes Jahr vergangen war, rückte der Tag der Gerichtsverhandlung näher. Zuerst musste ich einen Drogentest machen.

Natürlich wusste ich das und hatte ein paar Tage vorher aufgehört, zu kiffen.
Der Leiter des Heims fuhr mich persönlich zur Verhandlung.
„Bleib ruhig, lass dich nicht provozieren, und sag die Wahrheit“, riet er mir während der Fahrt.
Ich ging in den Gerichtssaal und stellte mich neben meinen Verteidiger. Der Richter betrat den Saal und machte ein Zeichen, dass wir uns setzen konnten.
Erst redete der Staatsanwalt: „Nach Paragraf soundso, Strafgesetzbuch soundso, Absatz soundso …“ Er redete und redete.
Es dauerte etwas, und als er fertig war, war die Jugendgerichtshilfe an der Reihe.
„Er war in verschiedenen Heimen, hat Probleme zu Hause …“ führten sie meine Situation genauer aus. Ich kann gar nicht genau wiedergeben, was sie damals sagten.
Dann wurde ich zu dem Vorfall mit meinem Vater befragt, und ich erzählte aus meiner Sicht, was sich zugetragen hatte. Erst danach wurde mein Vater in den Gerichtssaal gerufen und durfte seine Aussage machen.
„Mein Sohn ist gewalttätig und wollte mich

umbringen", behauptete er. Aber das glaubte man ihm so nicht. Ich wurde am Ende wegen gefährlicher Körperverletzung verurteilt.
Ich erhielt ein Jahr und acht Monate Strafe, die zur Bewährung ausgesetzt wurde. Die Bewährungsstrafe bestand darin, dass ich drei Jahre lang im Heim bleiben und dort die Berufsschule besuchen sollte. Eine weitere Auflage bestand darin, dass ich mit dem Kiffen aufhören sollte.

Ich versuchte, mich im Heim so ruhig wie möglich zu verhalten und nichts Schlimmes anzustellen. Ich ging weiter zur Schule, hielt mein Zimmer in Ordnung und prügelte mich nicht. Auch wenn sich die anderen Heimkinder asozial verhielten, nachts abhauten, Türen eintraten oder klauten, versuchte ich, ruhig zu bleiben.
Das Einzige, was ich tat, war, dass ich weiter kiffte. Damit konnte ich einfach nicht aufhören.
Allerdings war das ein großes Problem, denn eine wichtige Auflage des Gerichts bestand ja

darin, dass ich keine Drogen mehr nehmen sollte. Um das kontrollieren zu können, musste ich mich regelmäßigen Drogentests unterziehen.

Und natürlich hatte ich immer wieder positive Drogentests.

„Du musst unbedingt damit aufhören", sagte man mir immer wieder.

„Das könnt ihr vergessen", erwiderte ich. „Was soll denn so schlimm daran sein? Seid doch ehrlich, ich bin hier der Einzige, der keine Scheiße baut. Warum könnt ihr damit nicht zufrieden sein?"

Ich gab nicht zu, dass ich längst abhängiger war, als ich es wahrhaben wollte. Nicht einmal mir selbst gestand ich es ein.

Hier im Heim ging es mir eigentlich nicht einmal schlecht, zumindest verglichen mit dem, was ich sonst erlebt hatte. Ich hatte ein eigenes Zimmer mit einem Fernseher, einer Couch, einem Kühlschrank, einem Teppich, einfach allem, was man so in einem Zimmer hat.

Auch hatte ich zwischendurch die Beziehung zu meiner Mutter wieder aufgebaut, und ich ging sie regelmäßig besuchen. Abends kehrte ich allerdings ins Heim zurück.
Einmal kam ich abends von Duisburg aus zurück zum Heim und hatte zwei Tüten Gras dabei. Das war mein Eigenbedarf. Aber der Betreuer, Herr Pauli, ein strenger Mann, bestand darauf, mich zu durchsuchen. Ich war zwar breit vom Kiffen, aber ich wehrte mich und verhinderte, dass ich durchsucht wurde.
„Wenn du dich nicht durchsuchen lässt, rufe ich die Polizei", drohte er mir. Aber das ließ mich kalt. Das machte Herrn Pauli ärgerlich, und er rief den Leiter des Heims an.
„Wir werden das morgen alles klären", schlug dieser vor.

Am nächsten Morgen drehte ich einen dicken Joint, um ihn alleine beim Spazierengehen zu rauchen. In dieser Zeit war mir das Kiffen ungeheuer wichtig. Von nichts und niemandem wollte ich mir meinen Joint verbieten lassen.

Aber ich war ja in einer U-Haft-Vermeidungsgruppe, und die Auflage hieß, dass ich ein drogenfreies Leben führen sollte. Wenn nicht, drohte mir die Haft. So flog ich am nächsten Tag aus dem Heim raus.

„Du bekommst jetzt eine Fahrkarte nach Duisburg und fährst zu deiner Mutter", sagte ein Erzieher zu mir. „Dann hörst du wieder von uns."

Als ich bei meiner Mutter ankam, war sie sehr überrascht. Ich erzählte zwar, was mir passiert war, aber die ganze Wahrheit sagte ich ihr nicht.

„Man hat mich beurlaubt", sagte ich ihr und verschwieg, dass sie mich rausgeschmissen hatten.

Meine Mutter wollte nur ungerne, dass ich bei ihr blieb.

„Geh doch wieder ins Heim zurück, und geh weiter zur Schule", meinte sie. Aber gerade das war ja nicht mehr möglich.

Sie hatte nur eine kleine Ein-Zimmer-Wohnung, die aus einem Wohnzimmer, einer

Küche und einem Bad bestand. Ich musste mir ein Klappbett in der Küche ausklappen, meine Mutter schlief auf der Schlafcouch im Wohnzimmer. Oft blieb sie auch bei Mohammed, der ebenfalls eine Wohnung hatte.

Im Heim erfuhr man, dass ich bei meiner Mutter untergekommen war. Man beurlaubte mich daraufhin und wollte mit dem Familiengericht absprechen, ob ich weiter bei meiner Mutter leben sollte oder ob ich wegen Verstoßes gegen die Bewährungsauflagen in den Knast musste.

Meine Mutter ging davon aus, dass ich erst einmal bei ihr blieb, und meldete mich darum an einer Hauptschule in der Nähe an.

„Liegt bei dir regelmäßiger Drogenkonsum vor?", fragte mich der Schulleiter.

„Nein!", antwortete ich.

„Du musst davon ausgehen, dass wir hin und wieder einen Drogentest durchführen", warnte er mich.

„Das können Sie gerne jederzeit machen", antwortete ich. Trotzdem war ich jeden Tag in der Schule dicht.

Die Lehrer wussten im Grunde alle Bescheid, aber keiner sagte etwas. Wenn ich breit war,

konnte ich mich immer gut konzentrieren.
Ich arbeitete aktiv mit, meine Tests waren gut, und ich hätte locker den Hauptschulabschluss geschafft. – Hätte!

Wäre da nicht wieder die Unzufriedenheit meiner Mutter. Ich weiß wirklich nicht, was ich immer falsch machte. Ich hatte gute Noten, und ich arbeitete oft in der Pizzeria bei meinem Onkel, in der auch Mohammed arbeitete.
Mein Onkel und Mohammed wussten, dass ich kiffte, aber sie wussten auch, dass ich sorgfältig, sauber und konzentriert arbeitete. Sie waren zufrieden mit mir, darum weiß ich nicht, was meine Mutter gegen mich zu sagen hatte. Sie war eben psychopathisch, genau wie mein Vater. Mit solchen Menschen kann man einfach nicht auf Dauer zusammenleben.
So eskalierte die Situation mal wieder, weil meine Mutter nur an mir rummeckerte.
„Warum hast du mir überhaupt Hoffnungen gemacht“, rief ich wütend. „Ich gehe hier zur

Schule, wohne hier und arbeite hier, aber alles zählt nicht. Warum hast du mir nicht gleich gesagt, dass du mich nicht willst?"
Sie schrie zurück: „Weil ich dachte, du hättest dich geändert." Meine Mutter schrie weiter: „Verschwinde! Verschwinde sofort. Geh zurück zu deinem Vater, und mach mir nicht mein Leben zur Hölle!"
Ich blieb sitzen und tat einfach gar nichts.
„Ich rufe die Polizei an, wenn du nicht verschwindest!", rief sie nun.
Ich rührte mich nicht von der Stelle.
Dann rief sie die Polizei an. Das machte mich furchtbar fertig.
Ich hörte, wie sich die Polizei am Telefon meldete.
„Hilfe, mein Sohn ist durchgedreht und schlägt seinen Bruder!", schrie meine Mutter.
„Er will nicht gehen. Bitte nehmen Sie ihn mit!"
Ich hörte mit Entsetzen, was sie erzählte.
„Er hat mich auch geschlagen", log meine Mutter jetzt. „Wir haben Angst vor ihm."
Nun drehte ich wirklich durch. Ich war völlig verzweifelt, mir liefen die Tränen.
„Ich hasse dich!", sagte ich zu meiner Mutter.

Dann schlug ich ihr auf die Hand. Es war nur ein einfacher Schlag auf die Hand, aber meine Mutter schrie so laut sie konnte: „Hilfe, er schlägt mich!“
Nun war ich völlig fertig und wusste nicht mehr, was ich machen sollte. Ich drehte mich um und lief aus der Wohnung. Ich lief und lief. Ich wollte einfach nur weg von meinen Problemen. Darum rannte ich in den Park. Hier wollte ich in Ruhe über alles nachdenken.
Im Park angekommen, setzte ich mich auf eine Bank und grübelte und grübelte. Irgendwie gab es keine andere Lösung, als die Schule wieder einmal aufzugeben. Ich konnte nicht bei meiner Mutter bleiben, und das bedeutete auch, keinen festen Wohnsitz zu haben.
Das alles machte mich unglücklich. Ich war gerade auf einem guten Weg, und nun konnte ich ihn wieder nicht weitergehen. Dabei war ich gerade einmal 16 Jahre alt.
Egal, ich entschied mich, nach Dortmund zur Notschlafstelle zu fahren.
Als ich an der Notschlafstelle ankam, war sie schon belegt. Ich musste die Nacht auf der Straße verbringen. Die ganze Nacht blieb ich wach.

Am nächsten Tag ging ich zu einem Jugendtreff, wo es Essen und Trinken umsonst gibt. Da waren viele Jugendliche in meinem Alter. Ich lernte ganz nette Jungs kennen, einen Türken und einen Deutschen. Die beiden waren auch Kiffer. Mit ihnen fuhr ich am nächsten Tag nach Holland, um Gras zu kaufen.

Diese Tage waren für mich schöne Tage. Zwei Wochen ging es mir gut, bis plötzlich die Polizei eine ganz normale Personenkontrolle durchführte. Sie überprüften meine Personalien und sagte dann:

„Sie sind festgenommen."

„Warum?", wollte ich wissen, aber sie sagten es mir nicht.

Später im Polizeipräsidium erklärten sie mir dann, es läge ein Haftbefehl gegen mich vor. Der Grund war, dass ich ja auf Bewährung verurteilt war. Da ich die Bewährungsauflagen nicht eingehalten hatte, drohten mir nun ein Jahr und acht Monate Gefängnis. Dazu kam nun auch noch die Anzeige meiner Mutter.

Für mich bedeutete das, dass ich wieder in den Knast musste.
„Das kann doch nicht wahr sein!“, rief ich verzweifelt.
„Du hast immer noch nichts gelernt“, erwiderte der Haftrichter ungerührt.

8

„Djamal, ich muss mit dir reden“, sagte der Psychologe. „Du wirst morgen abgeschoben.“

Einige Tage später kam ich also wieder in die JVA.
Die Tage vergingen, und alles war wie immer.
Bis zu dem Tag …
Ein Psychologe kam plötzlich in meine Zelle und sagte mir:
„Djamal, ich muss mit dir reden.“
Ich dachte mir nichts dabei, war mir sogar ziemlich sicher, dass er mit mir über die Schule reden wollte. Darum ging ich mit ihm ins Büro. Dann fragte er mich: „Wie lange lebst du schon in Deutschland?“
„14 Jahre. Wieso?“
Da kam der Hammer!
„Du wirst morgen abgeschoben. In den Iran!“, erwiderte er. „Morgen um 13.00 Uhr.“
Ich starrte ihn fassungslos an. Das war doch jetzt ein Witz, oder?
„Wie, ich werde abgeschoben. Was soll das denn heißen?“, fragte ich irritiert.

„Morgen um 13.00 Uhr“, wiederholte er noch einmal. Ich starrte ihn an.
„Wollen Sie mich verarschen?“, fragte ich.
Der Psychologe schüttelte den Kopf.
Er zögerte einen Moment lang. „Was, glaubst du, ist der Grund dafür?“, fragte er dann.
Ich wusste nicht mehr, wo oben und unten war, war völlig fassungslos.
Dann fiel mir mein Vater ein. Mein Vater!
Er war es! Er versuchte, mich abschieben zu lassen.
Auf irgendeine Art und Weise hatte er es geschafft, meine Ausreise zu erwirken.
In Deutschland ist es so, dass ein Ausländer aus dem Land ausgewiesen werden kann, wenn er eine Gefahr für die öffentliche Sicherheit und Ordnung darstellt. Oft geschieht das, wenn jemand eine schwere Straftat begangen hat. Mein Vater hatte bestimmt erzählt, dass ich für die Gesellschaft eine große Gefahr war.
Er hatte ja das Aufenthaltsbestimmungsrecht für mich, darum musste ihm das gelungen sein.

Der Psychologe konnte nichts mehr für mich tun.
„Darf ich noch einmal meine Mutter anrufen?“, fragte ich.
Das wurde mir gestattet. In einem stahlgesicherten Glaskasten standen die Telefone, die vom Büro aus freigeschaltet wurden.
Ich nahm den Hörer ab, die Beamtin wählte.
Dann hatte ich meine Mutter am Apparat.
„Hallo Mama!“, sagte ich.
„Djamal!“, rief meine Mutter. „Wie geht es dir?“
„Mama“, antwortete ich traurig. „Mama, ich muss dir etwas Wichtiges sagen.“
„Was ist denn? Sag doch!“, rief meine Mutter.
„Die wollen mich morgen in den Iran abschieben“, sagte ich. „Papa hat das geregelt.“
Zuerst glaubte mir meine Mutter kein Wort.
„Nein, das kann doch nicht sein! Rede keinen Unsinn!“, rief sie. „Du willst mich nur reinlegen.“
Mir traten die Tränen in die Augen.
„Mama, egal, was passiert. Ich habe dich lieb und Saber auch!“, sagte ich.
Jetzt fing sie tatsächlich an, mir zu glauben.
„Wie ist das möglich!“, rief sie nun entsetzt.

„Das kann doch nicht sein!"
„Papa hat das gemacht!", wiederholte ich.
„Das geht auf keinen Fall!", empörte sich meine Mutter. „Hör zu, Djamal, ich werde alles daran geben, das zu verhindern."
Die Beamtin machte ein Zeichen, dass ich das Gespräch beenden sollte. So verabschiedete ich mich und legte auf. Danach war ich sehr traurig.
Die Nacht, die dann kam, war sehr schwer für mich.

Am nächsten Morgen stand ich früh auf und frühstückte. Dabei kam mir alles unwirklich vor. Aber ich versuchte, ruhig zu bleiben und abzuwarten.
Dann kam der Bereichsleiter vorbei. Mit ihm verstand ich mich gut.
„Du bekommst heute dein Mittagessen schon eher", sagte er mir. „Um 13.00 Uhr begleiten dich drei Leute vom Zoll zum Flughafen. Dort wirst du mit der nächsten Maschine in den Iran fliegen."
Es war einfach unfassbar für mich.

Dann war es so weit. Sie kamen, um mich zu holen. Ich musste runter zur Aufbewahrungskammer gehen und meine privaten Sachen abholen. Anschließend kamen die Leute vom Zoll mit einem Auto vorbei. Schließlich bekamen wir die Anweisung, in der Zentrale zu warten, weil noch irgendwelche Formalien erledigt werden sollten.
Wir warteten und warteten. Ich versuchte, mich mit dem abzufinden, was jetzt auf mich zukam, auch wenn das sehr schwer für mich war.
Plötzlich kam ein Beamter und sagte: „Es ist ein Fax vom Gericht gekommen. Wir müssen noch einmal telefonieren."
Ich wusste überhaupt nicht mehr, was los war, und war total irritiert. Dann aber kam der Hammer:
„Er bleibt hier!", sagte ein Beamter nun zu uns allen.
„Warum?", wollte ich wissen.
„Deine Mutter hat im letzten Moment einen Antrag abgegeben und will das Aufenthaltsbestimmungsrecht für dich wiederbekommen. Darum wird der Termin verschoben", erklärte er.

Nach und nach erfuhr ich dann, was passiert war.
Das Familiengericht hatte entschieden, dass mein Vater verantwortungslos war, weil er versuchte, mich abzuschieben, obwohl ich doch schon so lange in Deutschland lebte und auch meine Familie hier ist. Darum hatte der Richter meiner Mutter das Aufenthaltsbestimmungsrecht zugesprochen, und sie entschied, dass ich in Deutschland bleiben sollte. Das war eine unglaubliche Erlösung.
Als ich auf unsere Abteilung zurückkam, freuten sich die Jungs, mich wiederzusehen, und ich erklärte ihnen alles.
Ich brauchte mindestens eine Woche, bis ich den Schrecken verdaut hatte. Aber danach lief wieder alles wie immer. Nämlich abkacken! So jedenfalls nennen wir das im Knast, wenn wir auf unserer Zelle abhängen müssen.

Irgendwann wurde ich dann in eine andere JVA verlegt.
Als ich dort ankam, war ich erst einmal geschockt. Dort sah alles schrecklich aus:

Lose Wasserhähne an den Wänden, klapprige Treppen aus Stahl und Holz, Zellentüren aus Holz mit Metallnischen usw.
In der neuen JVA erklärte ich, dass ich meinen Schulabschluss nach der 10. Klasse nachholen will, und so kam ich auf die Abteilung für Schüler mit pädagogischem Hintergrund und ging wieder zur Schule. Dort war es besser.
In den ersten Monaten kam mich mein Vater einmal mit meinem Bruder besuchen. Zuerst redete ich kein Wort mit ihm.
Ich sagte nur: „Schämst du dich nicht?“
Aber ich redete mit meinem Bruder. Ich sah in seinen Augen, dass es ihm bei meinem Vater nicht gut ging. Aber ihm war die Schule wichtig, und er strengte sich sehr an und gab nicht auf.
Bis heute hat er sehr gute Noten, worauf ich sehr stolz bin.
„Versprichst du mir, dass du für mich da bist, wenn du hier raus bist?“, fragte er mich. Ich versprach es ihm.
Nach einer halben Stunde mischte sich mein Vater ein: „Du bist doch nicht sein Vater, dass du so mit ihm sprichst!“, sagte er. „Du hast ja

noch immer nichts dazugelernt. So jemand wie du gehört in den Knast."
Diesmal riss ich mich zusammen, weil ich genau wusste, dass es am Ende schlimm für mich ausgeht.
Mein Vater stand auf und ging mit meinem Bruder weg. Mein Bruder hatte Tränen in den Augen – genau wie ich.
Danach weinte ich eine ganze Nacht lang.
Übrigens kam mich auch meine Mutter regelmäßig besuchen, und die Beziehung zu ihr baute sich langsam wieder auf. Ich war ihr sehr dankbar, dass sie mich im letzten Moment vor der Abschiebung gerettet hatte.

Dann passierten im Knast zwei krasse Sachen in vier Wochen:
Einmal brach die Krankheit Tuberkulose aus. Irgendjemand spuckte die ganze Zeit Blut und hustete, aber der Arzt verschrieb ihm nur Bronchialtee. Als dann klar war, dass er Tuberkulose hatte, wurden wir alle geröntgt. Zum Glück war ich gesund.

Ein anderes Mal hängte sich einer weg, wie wir sagten. Er hieß Ismail, ich kannte ihn gut. Er hatte große Familienprobleme. Sein Leben machte ihn einfach fertig. Er konnte nicht mehr. An einem Tag waren wir im Freizeitraum und spielten Kicker. Plötzlich kam der Hausarbeiter und meinte nur: „Der Ismail hat sich weggehangen."
Ich kapierte das zunächst überhaupt nicht. Die Beamten waren auf einmal hysterisch und in Panik. Das konnte man ihren Blicken ansehen. Ismail hatte versucht, sich zu erhängen, aber er lebte noch. Der Hausarbeiter hatte ihn zufällig gefunden und sofort die Beamten gerufen. Die haben ihn dann rechtzeitig gerettet. Zum Glück!
Die Justiz hatte danach nichts Besseres zu tun, als ihn in den Bunker zu stecken, so als würden dadurch die Probleme gelöst. Der Knast ist ein Ort, an dem sehr viel Unrecht geschieht.
Jeder ist im Knast auf sich allein gestellt. Auch wenn man Freundschaften schließt, kann sich alles ganz schnell ändern. Keiner besitzt etwas, und jeder ist trotzdem neidisch auf den anderen. So kommt es

ganz schnell zu Streit und auch zu heftigen Schlägereien. Jeder streitet mit jedem.
Man ist schnell für die Mitarbeiter der Gefangene, der Mensch, der etwas Schlechtes getan hat, ein böser Mensch also. Und es gibt wenige Möglichkeiten, zu zeigen, dass man nicht so ist.
Das ist Knast: ein Ort ohne Menschlichkeit, ohne Zusammenhalt und voller Sehnsucht und Depression. Jeder, der im Knast war, kommt als gebrochener Mensch wieder heraus.
Aber es gab im Knast auch gute Augenblicke, und es gab korrekte Beamte, die mit mir redeten und Zeit für mich hatten.
Jedenfalls ging ich hier wieder zur Schule, und das war auf jeden Fall gut. Meine Schulleistungen waren auch in Ordnung, aber die Beamten hatten oft was an meinem Verhalten auszusetzen.
„Du musst dich an die Regeln halten!", hieß es immer. „Du musst dich anpassen!"
Jedes Mal, wenn der Streit zu groß wurde, gab es für mich Popschop.
Popschop ist ein typisches Wort aus der Knastsprache und bedeutet, dass man die

ganze Zeit über – also 24 Stunden lang – allein in seiner Zelle abhängen muss und keine Freizeit mit den anderen haben darf.
Ich ließ mir trotzdem nichts gefallen und geriet immer häufiger mit einigen Beamten aneinander.
Ich hatte also viel Zeit, nachzudenken, weil ich oft allein in meiner Zelle war.
Im Knast fing ich an, Mitleid für meinen Vater zu empfinden. Er ist einfach gestört.
Ich habe auch an meine Mutter und an meinen Bruder gedacht. Sie hat mir oft geschrieben. Ich glaube schon, dass ihr alles sehr leidtut. Dass sie mich in letzter Sekunde vor der Abschiebung gerettet hat, hat unsere Situation verbessert.

9

„Wenn du reinkommst, und alles ist sauber, und es ist deins, ist das ein unbeschreiblich gutes Gefühl."

Die Zeit im Knast kam mir unendlich lang vor. Der Knast ist einfach wie ein Film. Ein Film, der nicht zu Ende geht. Ein Film, gemischt aus Science-Fiction, Action, Horror und Thriller, und manchmal auch Drama und Comedy. Alles! Es ist eine große Psychiatrie für Jugendliche.
70 Prozent der Insassen werden nach ihrer Entlassung wieder kriminell. Das liegt am System. Man bekommt einfach nicht die Chance, sich weiterzuentwickeln. Damit meine ich vor allem die menschliche Seite. Man hat einfach keine Chance, vernünftig und gleichberechtigt zu handeln, man entwickelt kein Selbstvertrauen und kein Verständnis füreinander. Auch hat man gar nicht die Möglichkeit, zu zeigen, dass man ein Mensch ist und die Unterschiede von richtig und falsch kennt.

Immer bekommt man gesagt: „Du bist hier im Knast, und daran bist du selbst schuld!" Meiner Meinung nach würden die Menschen eher aus ihren Fehlern lernen, wenn man ihnen Vertrauen und Respekt entgegenbrächte und ihnen auch im Knast ein soziales Umfeld ermöglichte. Aber die Hierarchie, die es hier gibt, macht das unmöglich.

Im Knast hatte ich dann einen großen Streit mit einem Polizisten, der danach behauptete, ich hätte eine Schlägerei mit ihm angefangen. Es stimmte so überhaupt nicht, aber man glaubte mir nicht. Ich bekam ein paar Tage Bunker und wurde dann in eine andere JVA verlegt.
Hier hielt ich mich sehr zurück, ging weiter zur Schule und lernte viel.

Als ich schließlich im Dezember 2009 entlassen wurde, wurde mir der Realschulabschluss anerkannt. Darüber war ich sehr glücklich.

Ich zog zuerst zu meiner Mutter zurück. Sie hatte sich extra eine größere Wohnung gemietet, damit wir beide genug Platz hatten. Ich besuchte die Abendrealschule, um noch meinen Quali zu machen, und strengte mich sehr an.
Aber wie befürchtet ging es mit meiner Mutter nur kurze Zeit gut. Statt stolz zu sein, dass ich mir so Mühe gab, fing sie bald wieder an, ihren Hass an mir auszulassen. Sie meckerte immer wieder mit mir, war total unzufrieden und überhäufte mich mit Vorwürfen. So war der Streit schnell vorprogrammiert. Es kam, wie es kommen musste. Sie warf mich raus, und ich landete wieder auf der Straße. Mein größtes Problem war, dass ich immer noch keinen Ausweis besaß. So lebte ich eine Weile auf der Straße, ohne Geld, ohne Familie und ohne Wohnung. Jeden Abend versuchte ich, in einer Notschlafstelle einen Platz zu finden. Die Sozialarbeiter wurden auf mich aufmerksam und boten mir an, mir zu helfen.
Jede Woche erarbeitete ich mit ihrer Hilfe einen Plan, auf dem Punkte standen, die ich zu erledigen hatte. Termine mit der Polizei

oder dem Anwalt, Gänge zu den Ämtern und wichtige Telefonate.

Außerdem saß mir noch ein Gerichtstermin im Nacken. Das Verfahren gegen den Polizisten stand noch an, den ich angeblich verprügelt haben sollte. Der Richter hatte sich fest vorgenommen, mich dafür noch ein weiteres Mal ins Gefängnis zu bringen. Doch ich konnte mich bei Gericht gut verteidigen, und auch mein Anwalt half mir. An dieser Stelle hat mir sicherlich auch das Buch geholfen, dass ich zu diesem Zeitpunkt schon fast fertiggeschrieben hatte, denn auch das hatte ich bei der Gerichtsverhandlung vorgelegt. So wurde entschieden, mich nicht erneut verhaften zu lassen, sondern mir 200 Sozialstunden aufzubrummen. Aber das alles war besser als Knast, und so leistete ich die Sozialstunden gewissenhaft ab. Ich arbeitete zunächst in einem Altersheim, später bei der Kirche, und die Arbeit machte mir sogar Spaß.
Viel viel schwieriger war es, einen Lichtbildausweis zu bekommen. Zunächst erhielt ich

eine Fiktionsbescheinigung – eine Bescheinigung ohne Bild, die nur drei Monate gültig ist. Aber ohne einen richtigen Ausweis bekam ich keine Wohnung, ich konnte nicht arbeiten und nicht zur Schule, ich durfte mir noch nicht mal ein Konto eröffnen.
Aber ich bekam viel Hilfe von verschiedenen Seiten, und so kehrte ich nach und nach in ein geregeltes Leben zurück. Als ich endlich einen echten Personalausweis in der Hand hielt, war ich überglücklich.
Da ich Hartz IV bekam, konnte ich endlich auch auf Wohnungssuche gehen. Ich fand eine kleine Wohnung im Zentrum der Stadt, die ich mieten konnte. Hier fühle ich mich endlich total wohl, und ich halte die Wohnung auch in Ordnung. Wenn du reinkommst, und alles ist sauber, und es ist deins, ist das ein unbeschreiblich gutes Gefühl.
Jetzt kümmere ich mich noch um die Schule. Zu gerne würde ich im Sommer wieder dort hingehen, und ich hoffe sehr, dass die Kosten dafür übernommen werden.
Ich habe einige Freunde in der Stadt gefunden. Oft bin ich nachmittags in einer Beratungsstelle für Jugendliche. Dort kann man

Billard spielen, Kaffee trinken, am PC arbeiten und Beratungsgespräche mit Betreuern führen.
Die nehme ich auch regelmäßig in Anspruch. Mit meiner Mutter telefoniere ich immer mal wieder, aber wir sehen uns nicht mehr. Zu meinem Vater habe ich keinen Kontakt. Auch zu meinem Bruder ist der Kontakt abgebrochen. Ich habe nur gehört, dass er es auch nicht mehr bei meinem Vater ausgehalten hat und jetzt auch in einem Heim lebt.

Ich will jetzt erst einmal versuchen, nach vorne zu schauen und nicht zurück.
Ich bin mir ganz sicher, dass sich alles noch zum Guten wendet.
Jetzt habe ich mein Leben selbst in der Hand und bin nicht mehr auf meine schwierigen und psychisch kranken Eltern angewiesen.
Aber auf mich kann ich mich verlassen.
Diesen Teufelskreis konnte ich nur durchbrechen, weil ich mir irgendwann Hilfe von anderen Menschen geholt habe, die nicht aus meiner Familie kamen. Ohne Streetworker,

Sozialarbeiter und Hilfen vom Amt hätte ich das nicht geschafft.
Was ich bisher in meinem Leben gelernt habe ist:
nicht aufzugeben,
den Kopf nicht hängen zu lassen,
die Hoffnung nicht aufzugeben
und an mich selbst zu glauben.

Etwas Wichtiges möchte ich dir noch sagen:
Lass dir nie irgendeine Meinung eintrichtern, von der du nicht überzeugt bist, sondern mach immer das, was dein Herz dir sagt und was gerecht auf der Welt ist.
Allen, die wie ich ein hartes Leben haben, möchte ich auch noch etwas sagen:
Egal, was passiert ist, egal was, es ist nur passiert, damit man daraus lernt.

Ich wünsche euch alles Gute.
Djamal